KB253047

東洋古典百選 ⑲

孝經

曾　子
朴晄大 譯解

一信書籍出版社

目　　次

일 러 두 기

〔1〕「효경」은 여러 가지 명칭의 주해서가 있지만, 그 중에서도 본서「효경대의」는 성리학파들의 대표적인 '효경주해서'가 되어 우리 나라에서는 수차(朝鮮朝時에　正祖·成宗·仁祖·顯宗·英祖·純祖·高宗)에 걸쳐 많이 板刻된 것이며 널리 읽혔던 것이다.

〔2〕본서는 한문의 문리를 이해하려는 이들에게 도움이 될 수 있도록 하기 위하여 본문은 물론 註까지 토를 달아 읽기에 편하도록　하고 해석을 같이 해 놓았다.

〔3〕낱말의 語義를 깊이 있게 이해하는 데 도움이 될 수 있도록 예문을 싣고 또 해석을 해 넣었다.

〔4〕「古文孝經」孔氏傳 본의 序文을 실어「효경대의」의 序文과 같이 읽어 봄으로써 효경해제에 대신하고, 「古文孝經」본문 二十二章을 章별로 각각 정리하여「孝經大義」와 서로 다른 점을 즉시 확인해 볼 수 있게 표시를 해 놓았다.

〔5〕「今文孝經」도 본문 十八章을 章별로 각각 정리해서 「古文孝經」과 「孝經大義」와 대조해 볼 수 있게 했다.

孝經大義 序

　孔門之學에 惟曾氏가 得其宗하시니 曾氏之書가 有二한대 曰 大學과 曰 孝經이니 經傳章句頗亦相似라. 學以大學으로 爲本하고 行以孝經으로 爲先은 自天子로 至庶人이 一也라. 堯典一篇은 大學孝經之祖也니 自克明峻德으로 以至親睦九族하고 極而百姓之昭明과 萬邦之於變은 大學之序也라. 孝之爲道는 蓋已具於親睦九族之中矣니 何也오. 一本故也라. 自是로 舜은 以克孝로 而徵五典하시고, 禹는 以致孝로 而叙彛倫하시고 伊尹은 述成湯之德에 一則曰 立愛惟親이라 하고, 二則曰 奉先恩孝라 하니 人紀之修孰大乎是리오. 文武周公이 師是而行하사 備見於記禮所載上而宗廟之享과 下而子孫之保其爲孝이 蔑有加焉하니 功化之盛이 至使四海之内로 人人이 親其親하며 長其長하여 一鱗毛와 一芽甲之微도 無不得所하니 嗚呼라. 二帝三王之教可謂大矣니 孝經一書即其遺法也러니 世入春秋하여 皇綱이 紐解하니 孔子가 傷之하사 三復昔者으로 明王孝治之言하시니 思之深이오 望之切矣시니라. 誠使天子公卿으로 躬行其上하여 凡禮樂刑政之具를 壹是以孝로 爲本이면 則斯道也는 固天性之自然이오 人心之固有니 一轉移間에 王道顧不易易乎아 惜也라. 徒託之空言하여 而僅見於門人記錄之書也하여 書存而道可擧하니 雖不能行之 一時하나 猶可詔之來世라. 今此經之可考者는 不過漢藝文誌而已니 而其篇次는 則顔注古文二十二章이니 孔壁所藏本也오. 今文一十八章은 河間王所得顔芝本이 而劉向之所參校者也니 要之컨댄 出於諸儒傳會요, 皆非曾氏門人所記舊文矣라. 唐玄宗이 開元剌議意非不美로되 而司馬貞이 淺學陋識으로 幷以閨門一章으로 去之하여 卒啓玄宗無禮無度之禍하고 而其所製序文이 至以禮로 爲外飾之所資하며 仁義之爲後來之漸有不知하니 所謂因心之孝者는 果何所因이며 而又何自而萌乎아. 學之不講하며 德之不修一至於此러니 桓桓文公이 特起南夏하사 平生에 精力用工이 易四書에 爲多하시고 至此書하여는 則僅成

刊誤一編하시고 註釋大義는 猶有所未及하시니라. 噫라 人子不可斯
須忘孝니 則此經은 爲天子至庶人이 一日不可無之書니 章句已明하
되 而文義猶闕하니 顧非一大欠事乎아. 蓋嘗有志하여 彙集諸家傳註
하여 以明一經하되 而未果러니 一日에 余友胡庭芳이 挈其高弟董眞
卿하고 訪余雲谷山中할새 手携孝經大義一書어늘 取而閱之하니 則
其家君深山先生董君季享之所輯也니 其書爲初學説故로 其詞皆明白
切實하나 熟玩之則義趣精深하여 又有非淺見謏聞으로 所能窺者라.
族兄明仲이 敬爲刊之書塾하여 以廣其傳하니 此其惟學者의 修身齊
家之要리오. 而有國有天下者도 亦豈能外是하고 而他有化民 成俗之
道哉아. 噫라 滕은 五十里國耳로되 其君이 一用之하여 至於四方이
草偃風動하여 一時行事로 猶班班有三代之風하니 學問之功用이 固
如此하고 晋武魏文은 亦天資之美者로되 惜諸臣이 無識하여 不能有
以啓導而充大之하니 悠悠蓋壞에 此經之廢가 蓋千五百餘年이라. 人
心秉彝極天罔墜하니 豈無有能講而行之者리오. 誠有以二帝三王之心
으로 爲心이면 則必以二帝三王之教로 爲教矣리라. 仁은 人心也니
學所以求仁이면 而孝는 則行仁之本也라. 語에 曰 如有王者면 必世
而後仁이라 하니 愚何幸身親見之리오. 歲在乙巳陽復之月에 前進士
武夷熊禾는 序하니 時大德之九年也러라.

공자(孔子)의 문하(門下)에서 배운 제자 중에 오직 증자(曾子← 曾
氏)만이 그 정통을 얻었다.

이에 증자(曾子)가 지은 책이 두 가지가 있으니 하나는「대학(大學)」
이요, 또 하나는「효경(孝經)」으로서 경(經)과 전(傳)과 장구(章句)가
서로 비슷한 바가 있다.

학문은「대학(大學)」으로 근본을 삼고, 행동은「효경(孝經)」으로 제
일을 삼는 것은 위로는 천자(天子)로부터 아래로는 서인(庶人← 일반
백성)에 이르기까지 다 한가지이다.

「서경(書經)」의 요전(堯典) 한 편은「대학(大學)」과「효경(孝經)」
의 조상이 되는 것이다. 높은 덕을 밝힘으로부터 시작하여 구족(九族)
이 다 친목하는 데까지 이르고 더욱 더 나아가서 백성을 밝게 하고 만

방(萬邦)을 모두 화합하게 한다고 하는 것이 「대학(大學)」의 서문인 것이다.

그러나 효도가 올바른 도(道)가 된다는 것은 이미 구족(九族)이 다 친목이 된다고 하는 속에 갖추어져 있으니, 그것은 무엇이겠는가? 그것은 그 근본이 하나이기 때문이다.

이로부터 순(舜)은 극진히 효도를 한 것으로 오전(五典)을 편찬하였고, 우(禹)는 효도를 이룬 것으로 이륜(彝倫)을 펴냈다. 이윤(伊尹)은 성탕(成湯)의 덕을 서술하였으니, 그 하나는 사랑하는 마음을 세워 오직 부모를 제일 소중히 여긴다 하였고, 다음으로는 조상 받들기를 은혜와 효도로 한다 하였으니, 사람의 기강(紀綱)을 닦는 것 가운데 그 무엇이 이보다 더 크겠는가.

문왕(文王)·무왕(武王)·주공(周公)이 이것을 본받아서 행한 그 사실이 「예기(禮記)」에 갖추어 실려 있으니, 위로는 종묘(宗廟)에 제사를 지내는 일과 아래로는 자손을 보존하는 것이 모두 효도로 이보다 더 큰 것은 없는 것이다.

이로써 공화(功化)의 성(盛)함이 심지어는 온 천하의 사람으로 하여금 사람마다 제 부모를 부모로 여기며, 제 어른을 어른으로 여겨서 터럭 하나나 비늘 하나를 가진 미물(微物)이나 싹 하나 마디 하나를 가진 초목까지라도 모두 제자리를 얻게 하였다. 아아! 이제(二帝)와 삼왕(三王)의 가르침이 심히 크도다. 이 「효경(孝經)」 한 권은 곧 그들이 남긴 가르침을 기록한 책이다.

그러나 세상이 춘추(春秋)시대로 들어오자 국가의 기강이 해이하여지기 시작하니, 공자(孔子)가 이를 걱정하여 세 번이나 거듭하여 「옛날에 현명한 임금은 효도로써 천하를 다스렸다.」고 말을 한 것으로 미루어 보아 이야말로 생각하기를 깊이 하였고 바라기를 간절히 한 것이다.

진실로 천자(天子)나 공경(公卿)으로 하여금 몸소 그 윗자리에서 실천하여 예악(禮樂)과 형정(刑政)의 모든 행동을 한결같이 효도로 근본을 삼게 한다면, 이것이 곧 사도(斯道)이다.

진실로 성인(聖人)의 도(道)는 천성(天性)의 자연함이요, 사람의 마음 속에 본래 있는 것이니, 이 행동을 한번 실천하는 동안에 왕도(王

道)가 어찌 쉽게 행하여지지 않겠는가.

　그러나 아깝게도 이것을 한낱 부질없는 빈소리(空言)로 돌려 보내고 겨우 공자(孔子)의 문인(門人)들이 기록한 글에서만 볼 수 있을 뿐이나 글이 있는 동안에는 도(道)는 행동에 옮겨지는 것이니,　이는 비록 한때에 행하지 못한다 하더라도 오히려 오는 세상에는 행해질 수 있는 것이다.

　이제 이 법을 가히 참고할만한 것으로는 한(漢)나라「예문지 (藝文志)」가 있을 뿐인데,　그 편차(篇次)를 보면 안주고문(顔注古文) 二十二장(章)이니 이것은 공자(孔子)의 집 벽 속에 간직해 둔 책이요, 금문(今文) 十八장(章)은 하간왕(河間王)이 얻은 안지본(顔芝本)이니,　이는 유향(劉向)이 교정(校訂)한 것이다.　여기서 생각해 보면 이는 모두가 여러 선비들의 글을 모은 것으로,　모두 증자(曾子←曾氏)　문인(門人)들이 기록한 옛글(舊文)　그대로는 아니다.

　당(唐)나라 현종(玄宗)의 개원칙의(開元勅議)가 그 뜻이　아름답지 않은 것은 아니었는데,　사마정(司馬貞)이 얕은 학문과 적은　식견으로써 규문장(閨門章)　하나를 빼어 버려서 마침내 현종(玄宗)에게 예의가 없고 법도가 없다는 것으로 화(禍)를 당하게까지 되었었다.　또한 그가 지었다고 하는 서문은 심지어 예(禮)로써 외식할 자료로 만들었으며 인(仁)과 의(義)가 후(後)에 올 병통이 될지도 모른다고 하였으니,　그렇다고 한다면 마음 속의 효도가 어디서 연유해서 일어나는 것이며 또,어디로부터 싹튼다고 한단 말인가.

　학문을 익히지 않는 것과 덕을 닦지 않는 것이 한결같이 여기에 이르렀더니 주문공(朱文公)이 특별히 남쪽에서 일어나 평생의 정력을 기울이고 공을 들여 사서(四書)를 편찬하였고, 또 이 글에 이르러서는　겨우 간오편(刊誤編)　하나를 편찬했고,　대의(大義)에 주석(註釋)을　붙이는 데는 오히려 미치지 못하는 바가 있다.

　아아！ 사람의 자식으로서는 잠시라도 효도(孝道)를 잊어버리지　말아야 할 것이니,　이 글은 실로 천자(天子)로부터 서인(庶人)에 이르기까지 하루도 없어서는 안되는 것이다.

　그러나 장구(章句)는 분명하지만 글의 뜻이 오히려 부족한　곳이　있으니, 돌이켜 보면 이것은 어찌 한가지 커다란 잘못이 아니겠는가.

일찍이 뜻이 있어서 여러 사람들의 주(註)를 모아서 본문을 밝히게 하였으나 이를 이루지 못하였더니 어느날(一日)은 내 친구인 호정방(胡庭芳)이 자기의 수제자 동진경(董眞卿)을 이끌고 함께 운곡산중(雲谷山中)으로 나를 찾아왔다.

이 때에 그는「효경대의(孝經大義)」라고 하는 책 한 권을 가지고 있었다. 내가 이를 받아 읽어보니 이는 호정방(胡庭芳)의 아버지(家君)가 되는 심산(深山) 선생과 동군계형(董君季亨)이 편집해 놓은 것이었다.

그 책은 초학자(初學者)를 위한 글이기 때문에 문장이 모두가 명백하고 절실하니, 자세히 읽으면 뜻과 의취가 정밀하고 심오해서 또한 얕은 학문과 좁은 견문으로는 능히 다 엿보지 못할 데가 있는 것이다.

이것을 내 족형(族兄) 명중(明仲)이 조심스런 마음으로 서숙(書塾)에 간포(刊布)하여 넓게 전하였으니 이 어찌 한낱 배우는 자의 몸을 닦고 집안을 다스리는(齊家) 요점뿐이리오. 나라를 가지고 천하를 가진 자라도 또한 어찌 이것을 외면하고서 달리 백성을 감화시키고 풍속을 이룰 도리가 있겠는가.

아아! 등(滕)나라는 五十里 밖에 되지 않는 조그만 나라이나 그 임금이 마음을 한 번 써서 마침내 사방의 백성들이 풀처럼 쏠리고 바람처럼 움직여서 한때에 행한 일로써 오히려 찬란한 삼대(三代)의 풍토를 이루지 아니하였는가. 학문의 쓰이는 바가 진실로 이와 같은 것이다.

진(晋)나라의 무제(武帝)와 위(魏)나라의 문제(文帝)는 역시 천품(天品←天資)이 아름다웠으나 애석하게도 주위의 모든 신하들이 무식하여 능히 그를 깨우치고 인도하여 착한 마음을 채우지 못하였으니, 오래고 오랜 이 세상에 이 글이 없어진지 대개 천 오백 여 년이 되었다.

사람의 착한 마음이 하늘 끝에서 모두 땅에 떨어졌으니 어찌 능히 이 글을 익히고 행할 자가 있지 않으리오. 진실로 이제(二帝)와 삼왕(三王)의 마음을 갖는다면 반드시 이제(二帝)와 삼왕(三王)의 가르침을 배울 수 있을 것이다.

어진 것은 사람의 마음이니 배워서 어진 것을 구하고 보면 효도는 자연 그 행동의 근본이 될 것이다.

옛말에 「만일 왕노릇 하는 자가 있으면 반드시 여러 대를 한 뒤에 어질게 되리라.」고 하였으니, 내가 친히 본 바에야 어찌하겠는가.

대덕(大德) 九年 을사(乙巳) 十一月에 전(前) 진사(進士) 무이웅화(武夷熊禾)는 서(序)하노라.

【語義】○孔門(공문) : 공자의 문중. 공자의 문하생, 곧 공자의 가르침을 받은 제자들.

○曾氏(증씨) : 曾子를 말한다. 이름은 參, 字는 子與(자여). 공자보다 四十六세 손아래이다. 공자는 효도가 지극한 사람으로 언제나 曾參을 들었다.

○大學(대학) : 禮記(예기) 중의 한 편. 宋 이후 四書의 하나로 曾子가 지었음.

○九族(구족) : 父族 넷, 母族 셋, 妻族 둘을 일컬음.

○五典(오전) : 書經에 있는 사람이 지켜야 할 다섯 가지 倫理로 아버지는 의리, 어머니는 사랑, 형은 우애, 아우는 공경, 아들은 효도를 해야 한다는 것.

○禹(우) : 夏나라 제 1대 임금.

○伊尹(이윤) : 殷(은)나라의 재상. 湯王의 세 번의 부름을 받고 나아가 재상이 되어 桀王을 치고 湯王으로 하여금 天下의 王이 되게 하였음.

○成湯(성탕) : 殷나라를 세운 임금. 夏나라 桀王이 無道하니 그를 쳐서 내쫓고 天下를 통일하여 商이라 하였음.

○文武周公(문무주공) : 周나라 文王과 그의 아들인 武王(名이 發)과 周公, 武王과 周公은 殷나라 紂를 쳐서 天下를 통일하였음. 周公은 名이 旦으로 형인 武王을 도와 紂를 치고, 조카 成王을 도와 王室의 기틀을 다지고 制度와 禮樂을 정비하여 周나라 文化 발전에 크게 기여하였음.

○二帝(이제) : 堯임금과 舜임금.

○三王(삼왕) : 夏나라 禹王과 殷나라 湯王, 周나라 文王과 武王을

일컬음.
　○斯道(사도)：聖人의 道, 곧 儒學.
　○漢藝文志(한예문지)：漢書의 篇名. 班固가 지음.
　○唐玄宗(당현종)：唐의 六代 임금. 名은 隆基. 陽貴妃를　寵愛하
여 安祿山의 난리를 겪었음.
　○開元(개원)：唐玄宗의 年號.
　○陽復之月(양복지월)：음력 十一月을 가리킴.
　○大德(대덕)：元나라 成宗年號.

　朱文公作 孝經刊誤 以古文定爲經一章 傳十四章 合一 千七百八十
字內 删去二百二十三字.
　經一章………今文開宗明義章 第一至庶人章第六合爲一章
　傳之首章……今文廣至德章第十三
　傳之二章……今文廣要道章第十二
　傳之三章……今文三才章第七
　傳之四章……今文孝治章第八
　傳之五章……今文聖治章第九上一節
　傳之六章……聖治章下一節
　傳之七章……今文紀孝行章第十
　傳之八章……今文五刑章第十一
　傳之九章……今文事君章第十七
　傳之十章……今文感應章第十六
　傳之十一章…今文廣揚名章第十四
　傳之十二章…古文閨門章一
　傳之十三章…今文諫爭章第十五
　傳之十四章…今文喪親章第十八
　上孝經一書廼 孔子曾子授受之要旨也 經. 秦火後頗多 錯簡至 宋
大儒 朱文公先生始取古文 爲之考訂 刊其繆誤 次其簡編　而後經傳
各有統紀 董季享氏 又從而註釋之 而其旨益明 讀者誠能 因其言而求
諸心因心之同 然而推之家國天下 則天下之道盡在是矣 惜乎　是書板

行者少 而窮鄉下邑之士 不得盡覩也 予近按 泉偶於進士　蔡介甫家
得是書舊本 遂命工錄梓以傳 將使四方 得以家傳人誦　各興其親愛之
心 而篤夫仁孝之道 庶或少補於風教之萬一　云爾 成化二十二年 歲次
丙午 秋九月甲子 賜進士通奉大夫福建等處承宣布政使司右布政使淳
安徐貫 謹識.

　주문공(朱文公)께서「효경(孝經)」을 지을 적에 고문(古文)이 잘못
되었다고 하여 새로이 경문(經文) 일장(一章), 전문(傳文) 十四章, 도
합 一千七百八十字 중에서 二百二十三字를 삭제하게 되었다.
　경(經)의 일장(一章)……금문(今文) 개종명의장(開宗明義章) 第一
에서 서인장(庶人章) 第六까지를 합쳐서 한 章으로 하였다.
　전(傳)의 수장(首章)……금문(今文) 광지덕장(廣至德章) 第十三.
　전(傳)의 이장(二章)……금문(今文) 광요도장(廣要道章) 第十二.
　전(傳)의 삼장(三章)……금문(今文) 삼재장(三才章) 第七.
　전(傳)의 사장(四章)……금문(今文) 효치장(孝治章) 第八.
　전(傳)의 오장(五章)……금문(今文) 성치장(聖治章) 第九上一節.
　전(傳)의 육장(六章)……금문(今文) 성치장(聖治章) 下一節.
　전(傳)의 칠장(七章)……금문(今文) 기효행장(紀孝行章) 第十.
　전(傳)의 팔장(八章)……금문(今文) 오형장(五刑章) 第十一.
　전(傳)의 구장(九章)……금문(今文) 사군장(事君章) 第十七.
　전(傳)의 십장(十章)……금문(今文) 감응장(感應章) 第十六.
　전(傳)의 십일장(十一章)……금문(今文) 광양명장(廣揚名章)　第
十四.
　전(傳)의 십이장(十二章)……고문(古文) 규문장(閨門章) 一.
　전(傳)의 십삼장(十三章)……금문(今文) 간쟁장(諫爭章) 第十五.
　전(傳)의 십사장(十四章)……금문(今文) 상친장(喪親章) 第十八이
다.
　이「효경(孝經)」한 권은 공자(孔子)와 증자(曾子)가 주고 받은 요
지(要旨)이다.
　그런데 이 경(經)은 진(秦) 나라 때 병화(兵火)를 겪고 난 뒤에 자

못 잘못되고 없어진 데가 많았다. 그것을 송(宋)나라의 대유(大儒) 주문공(朱文公) 선생이 처음으로 고문(古文)을 취하여 여기에　고정(考訂)을 하고 잘못된 곳을 고치고 간략하게 편찬한 뒤에 비로소　경(經)과 전(傳)의 계통이 서게 되었던 것이다.

　이것을 동계형(董季亨)씨가 거기에 이어서 주석(註釋)을 달고 보니 그 뜻이 더욱 분명하여져서 이것을 읽는 자가 진실로 그　말로　인하여 마음에 구(求)하고 마음의 같은 데에서 인하여 가정과 국가와　천하를 다스리는 데 미루어 나아간다고 하면 천하의 도(道)가 모두 여기에 있는 것이다.

　그러나 애석하게도 이 경(經)은 간행된 것이 적어서 궁벽한　시골이나 먼 고을에 있는 사람들은 얻어 보지 못하고 있었다.

　그러던 이것이 요즈음 우연히 진사(進士)　채개보(蔡介甫)의 집에서 이 글의 구본(舊本)을 얻어서 드디어 간행을 시켜 전달하게 하여 장차 사방에 있는 사람들로 하여금 집집마다 전하고 사람마다　외우도록 하여 각각 그 부모를 사랑하는 마음이 일어나서 어질고 효도하는 도리에 충실하게 하려고 하니, 이렇게 함으로써 혹시 조금이라도 풍속을 교화시키는 데　도움이 되면 다행이겠다.

　성화(成化)　二十二년 병오(丙午)　九月 갑자(甲子)에　사진사(賜進士)　통봉대부 복건등처승선포정사사 우포정사(通奉大夫 福建等處承宣布政使司右布政使)　순안(淳安)　서관(徐貫)이 삼가 쓰노라.

孝經大義

朱文公刊誤　鄱陽董鼎註

【註】 善事父母爲孝 人之行莫大於孝 堯舜大聖人也. 其道不過孝悌而
已 禹湯文武周公傳之孔子 壹以此道 此書乃曾子聞於孔子 而曾子門
人 又以所聞於曾子者合 而記之以爲一經 上自天子 下至庶人 皆當受
用 近之閨門 妻子兄弟長幼 遠之天地鬼神 四海百姓 皆自此推之經常
也. 名之曰孝經者 以其可謂 天下萬世常法也.

【註釋】 부모를 잘 섬기는 것을 효(孝)라고 한다. 사람의 행실 중에 효
보다 더 큰 것은 없으니, 요순(堯·舜)은 큰 성인(聖人)이나　그들의
도(道)는 효제(孝悌)에 지나지 않는다.

　이 도(道)는 우(禹)·탕(湯)·문(文)·무(武)·주공(周公)을 거쳐서
공자(孔子)에게 전하여 졌으니, 이것은 한결같이 효제(孝悌)인 것이다.

　이 글은 증자(曾子)가 공자(孔子)에게서 들은 것과 또한 증자(曾子)
의 제자들이 그 스승이 되는 증자(曾子)에게서 들은 것을 모두 합쳐서
기록하여 하나의 경서(經書)를 만들게 된 것이다.

　위로는 천자(天子)로부터 아래로는 서인(庶人)에 이르기까지　모두
마땅히 이것을 받아서 쓸 것이니, 가깝게는 집안(家庭)에 있는 처자와
형제와 어른과 어린이와, 멀리는 천지(天地)와 귀신(鬼神)과　사해(四
海)의 백성들이 모두 이것을 미루어 보아 올바른 길로 나아가　떳떳해
야 할 것이다.

　이 책의 이름을 「효경(孝經)」이라고 한 것은 이것이 바로　천하만세
(天下萬歲)토록 떳떳한 법이기 때문인 것이다.

經一章

經一章
(今文開宗明義章第一至庶人章第六合爲一章)

○仲尼閒居어시날 曾子侍坐러시니 子曰 參아 先王이 有至德要道하사 以順天下하시니 民用和睦하여 上下無怨하더니 汝知之乎아.(※ 閒音閑, 閒字坐字參字今文無)

◉ 공자(孔子)께서 한가로이 계시거늘 증자(曾子)가 모시고 앉았었더니, 공자(孔子)께서 말씀하시기를, "삼(參←曾子)아! 선대(先代)의 성왕(聖王)들께서는 지덕(至德)과 요도(要道)가 있어 이로써 천하(天下) 만민(萬民)들을 순리(順理)로 이끄시니, 백성(百姓)들은 서로 화목(和睦)하여 윗사람이나 아랫사람이나 원망이 없었느니라. 너는 이를 알고 있느냐?"(※ 閒의 音은 閑이고 閒자, 坐자, 參자는 今文孝經에는 없는 字이다.)

〔註〕仲尼는 孔子의 字요, 名은 丘라. 曾子는 孔子의 弟子이니 名은 參이요, 字는 子輿라. 稱子者는 尊之也라. 此書는 曾子門人의 所記也라. 孔子는 稱字하고 曾子는 稱名하니 師弟子之義也라. 閒居는 燕居之時也라. 仲尼呼曾子之名而語之하사 以古先聖王之所以治天下에 自有極至之德과 切要之道하여 以順其心故로 天下之民이 以此和協而親睦하여 上下가 擧無所怨하니 汝其知之否乎아. 蓋天下之怨이 每生

於不和하고 不和之患이 常起於不順하나니 今有一箇道理하여　能使之
和順而無怨하니 誠學者의 所當知也라. 引而不發하시니　重其事而未
欲遽言之也시니라. 德者는 人心이 所得於天之理니 仁義禮智信이　是
也니 此五者를 皆謂之德이로되 而此獨擧其德之至하고 道者는 事物當
然之理이 皆是니 而其大目則父子也와　君臣也와　夫婦也와　昆弟也와
朋友之交也니 此五者는　卽仁義禮智(信)之性이니 率而行之면　以天
下之達道者也니라. 皆謂之道로되 而此獨擧其道之要하니　道也德也
는　一理也니 見於通行者를 謂之道하고　本於自得者를　謂之德이니
德之至는　卽所以爲道之要라. 順者는 不過人心天理所固有요 而非有
所强拂爲之也니라.

【註釋】 仲尼(중니)는 孔子(공자)의 字(자), 이름은 丘(구).　曾子(증
자)는 孔子(공자)의 제자로 이름은 參(삼)이며, 字(자)는　子輿(자여)
이다. 子는 높여서 쓰는 말이다.

　이 책은 曾子(증자)의 제자들이 지은 것이니 孔子(공자)에게는 그의
字(자)를 쓰고 曾子(증자)는 그 이름을 쓴 것은 스승과 제자 사이의 의
리이다.

　閒居(한거)란 아무 일 없이 한가롭게 있는 때를 말한다.

　이 때에 仲尼(중니)께서는 曾子(증자)의 이름을 불러서 말씀을 시작
한다. "옛날에 선대(先代) 성왕(聖王)들께서 천하(天下)를　다스리는
데는 지극한 德과 중요한 道가 있었다. 이것을 가지고 백성들의　마음
을 따르게 하였기 때문에 천하의 만백성(萬百姓)들이 서로　화합하고
친목을 도모해서 윗사람이나 아랫사람이 모두 아무런 원망도　없었다.
너는 至德(지덕)과 요도(要道) 이것을 아는가 모르는가?"고　반문하
신 것이다.

　대개 天下의 원망이라는 것은 언제나 화목하지 못한 데에서　생기는
것이요, 또 화목하지 못하다는 것은 항상 마음이 순하지 못한 데서 일
어나는 것이다.

　그런데 여기에 높은 德과 이치가 있어서 백성들로 하여금　화목하고
순종하고 원망이 없게 한다. 그러므로 배우는 사람들은 이것을 마땅히

알아야 할 것이다.

그러나 仲尼(중니)께서는 이와 같은 것을 말씀하시면서 (결론까지) 급히 말씀하지는 않으셨다. 그것은 그 일이 너무 중요하고 큰 일이기 때문에 창졸히 말할 수 없기 때문인 것이다.

德은 사람의 마음이 하늘의 이치를 얻은 것이니, 仁義禮智信(인의예지신)이 이것인 것이다. 이 다섯가지를 모두 德이라 말하는 것이다. 그런데 여기에서는 유독 德의 지극한 것과 道의 중요한 것만을 말씀하셨다.

이것은 모두 사물의 당연한 이치인 것으로서 그 중에서 중요한 대목을 들면, 父子와 君臣과 夫婦와 長幼와 朋友간에 있어서의 사귐이니, 이것이 仁·義·禮·智·信의 성품들이다. 이 성품을 쫓아 行하고 보면 天下의 道에 통달하는 사람이 될 것이다.

道에 있어서도 마찬가지이다. 위에서 말한바 있는 仁·義·禮·智·信을 모두 道라고 한다. 그러나 여기에서 유독 道의 중요한 것만을 말한 것은 道와 德은 마찬가지이기 때문인 것이다.

사람의 행실에 나타나는 것을 道라 하고 자기의 마음에 스스로 터득하는 것을 德이라고 하는 것이니, 德의 지극한 것이 바로 道의 중요한 것이 된다.

順이란 것은 사람의 마음과 하늘의 이치에 본래 있는 바이어서 억지로 해서 되는 것은 결코 아니다.

【語義】 ○仲尼(중니) : 공자의 字이다. 字는 남자가 20세가 되면 관례의 의식을 갖고, 이 때 어른들이 字를 지어주며 성인으로서의 존대를 받는다. 仲尼라고 부르는 데는 공자의 머리 모습이 尼丘山의 모습과 흡사하게 닮은 데서 이름을 丘라 하고 尼를 취하고, 仲은 공자에게 兄이 있었으므로 伯·仲의 仲을 따라 仲尼라 부른 것이라 한다.

○閒居(한거) : 일체의 책임과 번거로움에서 벗어나 외물(外物)을 접촉하지 않고 집안에서 한가히 지내는 것. 閒字는 間과 同意로 쓰이는 字이나 여기서는 閑字와 같은 뜻으로 쓰인 것이다.

○曾子(증자) : 曾子와 參은 다 이름이다. 姓은 曾이고 이름은 參이

며 字는 子輿이다. 南武城 사람으로 공자의 제자 중에서도 孝를 실행하고 나중에 子思에게 학문을 계승시킨다.

　○侍坐(시좌) : 尊長을 모시고 그 곁에 앉아 있는 것이다. 예법에 맞게 하며 자세를 흐트리지 않는다. 다른 사람이 질문을 하려 하면 옆으로 좌석을 피해 준다.

　○至德(지덕) : 지극한 德. 여기서는 孝道에 지극한 것을 말한다. 또는 聖人들만이 이를 수 있는 경지의 德性을 말하는 것이다. 古人曰 智·仁·勇 三者知者一也 達德也.

　○要道(요도) : 중요한 道. 여기서는 孝道를 말하는 것이다. 德이나 道가 모두 孝에서 나온다고 보는 道.

　○順天下(순천하) : 順은 順理란 뜻과 도리에 따른다는 뜻이다. 또는 자연을 어기지 않고 應한다는 뜻도 있다. 天下는 본래 宇宙를 뜻하며 온세상의 뜻이기도 하다. 여기서는 한 나라 또는 萬百姓과 그 사회를 뜻하기도 한다.

　○汝(여) : 2인칭 女와 같은 뜻. '너'의 뜻. 여기서는 공자가 증자를 가리킨 말이다.

○曾子辟席曰 參이 不敏이어니 何足以知之리잇고. (※ 辟音避)

◉ 증자(曾子)가 자리에서 피하며 말하기를, "삼(參←曾子)이 불민하오니 어찌 그것(至德·要道)을 알 수 있겠습니까?"(※ 辟의 音은 避이다.)

〔註〕禮에 師가 有問이면 辟席起對라. 曾子가 見孔子에 擧其德而曰至德이오 擧其道而曰要道라 하시니 其事가 重大故로 辟席而起하사 辭讓而對하니라.

【註釋】「禮記(예기)」에 말하기를, "스승(師)이 물을 때에는 자리를 피하고 대답한다."고 하였다.

증자(曾子)가 공자(孔子)를 뵈었을 때에 공자는 그 德을 들어 지극한 德이라 말하였고, 그 道를 들어 중요한 道라고 말하였다. 그것은 대단히 중요한 사안이기 때문에 증자는 자리를 피하여 일어나 사양하고 나서야 대답을 하였던 것이다.

【語義】 ○辟席(피석) : 존대해야 하는 윗사람에 대해서 겸손의 禮로 사양함을 말함. 辟는 避로 써야 옳다. 어른이 물으면 자리에서 일어나 대답하고, 선생에게 가르침을 청할 때에도 일어나서 청하며, 이해가 되지 않는 대목을 재차 질문할 때도 일어나서 물어야 한다. 이것은 다 존자나 스승에 대한 禮이다.

○不敏(불민) : 총명하지 못함. 不敏이란 말은 「論語(논어)」의 顔淵篇에 "顔淵이 曰 回雖不敏이나 請事斯語矣이로다." "안연이 말하기를 「회(回←안연 자신)가 비록 총명하지 아니하다 하더라도 청하건대 이 말에 힘쓰겠습니다.」 했다."

不敏은 尊者에 대해 자신을 낮추는 겸양의 말이다.

○何足以知之(하족이지지) : 어찌 그것을 알 수 있겠습니까?「효경대의」에서는 之字 다음에 乎字가 없으나, 古文孝經의 孔安國이 傳을 한 것에는 乎字가 있다. '何~乎'는 '어찌 ~하겠는가?'의 형태로 의문 반어형이다.

○子曰 夫孝는 德之本也라 敎之所由生이니.
　（※ 夫音扶 生下今文有也字）

◉ (그러자 이어서) 공자(孔子)께서 말씀하셨다. "대저 효(孝)는 덕(德)의 근본이며, 가르침으로 말미암아 생기는 것이니. (※ 夫의 音은 扶이다. 今文孝經에는 生字 아래에 '也'字가 있다.)

〔註〕 至此하여 方言出一孝字하시니 卽所謂至德要道也라. 仁義禮智를 雖皆謂之德이나 而仁이 爲本心之全德이라. 仁主於愛하고 愛莫

大於愛親故로　孝爲德之至이오.　父子君臣夫婦兄弟朋友之交五者는
雖皆謂之道이나　而親生膝下하여　行之最先故로　子孝於父가　獨爲道
之要라.　本은　猶根也라.　行仁이　必自孝始하니　君子가　親親而仁民
하고　仁民而愛物하여　一念之發이　生生不窮이　猶木之有根也라.聖人
이　以五常之道로　立教하시니　本立則道生하여　移之以事君則忠矣오.
資之以事長則順矣오.　施之於閨門則夫婦가　和矣오.　行之於鄕黨則朋
友가　信矣니　充拓得去하면　擧天下之大에　無一物而不在吾仁之中하
고,　無一事而不自吾孝中出하나니　故로　曰　教之所由生이니라.

【註釋】 여기에 이르러서 공자(孔子)는 비로소 효(孝)라는 말을 꺼냈다.
이것이 곧 至德(지덕)과 要道(요도)인 것이다. 仁・義・禮・智・信을
모두 비록 德이라고 하기는 하지만, 그 中에서도 仁이 근본이 되는 마
음이 온전한 德이 되는 것이다. 仁이란 사랑이 主이고, 사랑은 부모를
사랑하는 것보다 더 큰 것은 없다. 그런 까닭에 孝가 德의 지극한 것
이 된다고 하였다.
　부자・군신・부부・형제・붕우간의 사귐, 이 다섯가지를 비록 모두
道라고 하기는 하지만, 친히 자식을 낳아 슬하(膝下)에서 기르는 것이
행실의 최고 우선이기 때문에 자식이 아버지에게 효도하는 것만이 유
독 道의 가장 중요한 것이 되는 것이다. 근본이란 뿌리와 같은 것이다.
仁을 실행하는 것은 반드시 효도로부터 시작되는 것이니, 君子가 가까
운 사람을 친히 여겨서 백성들을 어질게 함으로써 물자를 아껴서 한가
지의 생각도 내야 할 데에 내어 궁(窮)함이 없는 것은 마치 나무에 뿌
리가 있는 것과 같은 것이다.
　성인(聖人)은 이 五常의 道를 가지고 가르침을 세웠다. 그러므로 근
본이 서면 道가 생기니(本立則道生) 이것을 옮겨 임금을 섬기면 충성
되고, 이것을 바탕으로 어른을 섬기면 순종하게 되고, 이것을 규문(閨
門) 안에 베풀면 부부가 화순하여지고, 향당(鄕黨)에서 실행하면 붕우
(朋友) 간에 미덥게 된다. 이러한 마음을 또 채우고 넓혀서 나아간다
면 천하의 큰일에 대하여서나 한가지 물건도 내 어진(仁) 마음 속에 있
지 않는 것이 없게 되고, 한가지 일도 내 효도하는 마음 속에서 우러나

오지 않는 것이 없다. 그런 까닭에 모든 가르침이 여기에서부터(즉, 孝에서부터) 생기는 연유라고 말한 것이다.

【語義】 ○夫(부) : 별 뜻이 없고, 어떤 말을 새로이 시작할 때에 내게 되는 발어사(發語詞)이다.

○孝德之本也(효덕지본야) : 효는 덕의 근본이다. 孝는 至德要道의 근본이다.

※ 古文孝經 孔安國의 傳本에는 敎之所由生이 敎之所繇生也로 되어 있다. 繇(요)는 由(유)의 뜻이나 차이점을 지적한다.

○復坐하라 吾語汝하리라 身體髮膚는 受之父母라. 不敢毁傷이 孝之始也요 立身行道하여 揚名於後世하여 以顯父母가 孝之終也니 夫孝는 始於事親이오 中於事君이오 終於立身이니라.(※ 語去聲 夫音扶)

◉ 다시 앉아라. 내 너에게 말하리라. 신체(身體)와 머리털과 피부(皮膚)는 부모에게서 받은 것이라 감히 훼상(毁傷)하지 않음이 효(孝)의 시작이요, 입신(立身)하여 도(道)를 행하고 이름을 후세(後世)에 날려, 이로써 부모를 드러나게 함이 효의 마침이니, 대저 효는 부모를 섬기는 데서 시작하여 다음으로 임금을 섬기고, 끝으로 입신하는 것이니라. (語는 去聲이다. 夫의 音은 扶이다.)

〔註〕 孝之義는 甚大而其爲說이 甚長하여 非立談可盡故로 使復位而坐하라. 하사 而詳而告之하시니 孝는 以守身爲大하니 身者는 親之枝也니 擧其大而言之則一身四體요, 擧其細而言之則毛髮肌膚니 此皆受之於父母者라. 父母가 全而生之하시니 我當全而歸之할세.爲人子者는 愛重其身而不敢少有毁傷이 此乃孝之始事也오. 至於能立其身하여 能行其道며 不惟自揚其名이라. 而又以顯其父母하리니 此則孝之終事也라. 故로 夫所謂孝者는 始於事親이오. 爲孝子요 中於事君

이 爲忠臣이오. 忠孝兩盡則終於立身하여 爲全人矣라. 蓋孝者는 五
常之本이요 百行之源也니 未有孝而不仁者也요 未有孝而不義者也요
未有孝而無禮無智無信者也니 以之事君則忠이오.　　以之事兄則悌요
以之治民則愛요 以之撫幼則慈니 一孝立而萬善從之하여 始言保身之
道하고 終言立身之道라. 蓋不敢毀傷者는 但是不虧其體而已니 必不
虧其行而後에야 方可言立身故로 以是終之하시니라.

【註釋】 효(孝)의 뜻(義)은 몹시 커서 그것을 설명하자면 또한 아주 길
다. 이것을 서서 다 들을 수는 없기 때문에 공자(孔子)는 증자(曾子)
더러 다시 앉게 하고 자세히 설명한 것이다.

　효는 자신의 몸을 지키는 것이 가장 큰 일이니, 자신의 몸은 부모에
게서 뻗어나온 가지(枝)와 같은 것이다.

　이것을 크게 들어 말하자면 일신(一身)은 사체(四體)요, 작은 것을
들어 말을 하면 모발(毛髮)이나 피부(皮膚)에 이르기까지 이것은 다 부
모에게서 받은 것이다. 부모가 나를 온전한 몸으로 낳아 주셨으니 나
도 마땅히 온전한 몸으로 돌아가야 하는 것이다.

　그 때문에 사람의 자식으로 태어난 자는 자신의 몸을 아끼고 소중하
게 지켜서 감히 조금도 훼상(毀傷)하지 않는 것이 이 효도의 시작인 것
이다.

　다음으로 능히 자신의 몸을 세워서 그 도(道)를 실행하며 자신의 이
름만 드날릴 뿐 아니라, 또한 그 부모의 이름까지도 드러나게 하는 것
이 효도의 마침이라 한 것이다.

　그러므로 이른바 효도라고 하는 것은 자신의 부모를 섬기는 데서부
터 시작을 하면 효자가 되는 것이요, 다음으로 그런 마음을 가지고 임
금을 섬기면 충신이 되는 것이요, 이 忠과 孝를 둘다 극진히 하면 마
침내는 입신(立身)하여 온전한 사람이 되는 것이다.

　대개 효라는 것은 오상(五常)의 근본이요, 온갖 행실의 근원이 된다.

　그러므로 효도하고서 어질지(仁) 않는 사람이 없고, 효도하고서 의
(義)롭지 않은 사람이 없는 것이며, 효도하고서 무례(無禮)하고, 무지
(無智)하고, 무신(無信)한 사람은 있을 수 없는 것이다.

　　이런 마음을 가지고 임금을 섬기면 충성이 될 것이요, 이런 마음으로 형을 섬기면 우애가 될 것이요, 이런 마음으로 백성을 다스린다면　사랑(愛民)이 될 것이요, 이런 마음으로 어린이를 어루만지면 인자(仁慈)함이 될 것이다.

　　그러므로 한가지 효도하는 마음이 서게 되면 만(萬) 가지 착한 마음이 여기에 따라 저절로 생겨서 처음에는 제 몸을 보전하는 길이　되고 따라서 입신(立身)하는 길이 된다고 할 수 있을 것이다. 또 감히 몸을 상하지 못한다고 하는 것은 비단 제 몸을 상하게 하지 못할 뿐 아니라 반드시 그 행실까지도 잘못하지 않은 뒤에라야 비로소 제 몸을 세웠다고 말할 수 있기 때문에 이것을 효도의 마침이라고 한 것이다.

　　【語義】 ○復坐(복좌) : 본래의 제자리로 돌아가 앉으라는 말.　君子를 모시고 앉았다가 질문을 받고 일어서서 자리에서 떠나 대답하는　것은 尊者에 대한 도리이며, 異事에 대한 공경함이다. 이때 君子는 반드시 復坐할 것을 명한다고 한다.

　　○身體髮膚(신체발부) : 신체는 몸과 사지(四枝←팔과 다리), 발(髮)은 머리털, 부(膚)는 피부, 즉 몸 전체를 말함. 증자가 말하기를, "자기의 몸이라는 것은 부모가 남겨주신 형체이니 부모가 남겨주신　형체를 받들되 감히 공경하지 아니할 수 있겠는가?(曾子曰 身也者는 父母之遺體也니 行父母之遺體하되 敢不敬乎아)

　　공자께서 말씀하시기를, "군자(君子)는 조심하지 않는 것이　없지만 자기의 몸가짐을 조심하는 것을 크게 여긴다. 자기의 몸이라는 것은 부모의 몸에서 생긴 것으로, 나무에 가지가 있는 것과 같은 것이니, 감히 조심하지 않을 수 있겠는가. 자기 몸을 조심하지 못한다면　이것은 자기의 부모를 상해하는 것이 되고, 자기의 부모를 상해하면 이것은 자기의 근본을 상해하는 것이 되니, 자기의 근본을 상해하면 가지는 따라서 망할 것이다." 하셨다. (孔子曰 君子無不敬也나, 敬身이 爲大하니라. 身也者는 親之枝也니 敢不敬與아. 不能敬其身이면 是는 傷其親이오. 傷其親이면 是는 傷其本이니, 傷其本이면 枝從而亡이라 하시니라.)

○毀傷(훼상) : 헐고 상하게 함. 부주의로 인하여 몸에 상처입는 것 뿐만 아니라 형벌로 인하여 수족(手足)이나 귀를 잘리거나, 자자(刺字) 당하는 것까지 다 포함된 말이다.

○立身行道(입신행도) : 세상에 나아가 훌륭하게 되어 바른 道를 행함.

○揚名(양명) : 이름이 드날림. 세상에 명성이 널리 전파되는 것.

○以顯父母(이현부모) : 그렇게 함으로써 부모를 빛나게 함. 즉 훌륭한 사람은 세상에 이름이 드날리게 되고, 그로 하여금 부모까지 세상에 알려지게 되는 것을 뜻함.

○孝之終也(효지종야) : 효도의 끝마침. 효도의 종착점(終着點). 몸을 상하지 않게 조심하는 것이 효의 시발점이라면 장성하여 몸을 세우고 도를 행하여 이름을 후세에 남기면 부모의 이름도 세상에 알려져 남게 되니, 이것이 효도의 끝이 되는 것이다. 자신이 없어진 후세에 남기는 효도이기 때문에 효도를 다시 더할 수가 없다. 그러므로 효도의 끝이 되는 것이다.

○愛親者는 不敢惡於人하고 敬親者는 不敢慢於人하나니 愛敬을 盡於事親하면 而德敎加於百姓하여 刑于四海하리니 蓋天子之孝라. (※ 惡去聲)

◉ "어버이를 사랑하는 자는 감히 남을 미워하지 아니하고, 어버이를 공경하는 자는 감히 남에게 오만하지 아니 하나니, 사랑과 공경하기를 어버이 섬김에 극진하면 덕교(德敎)가 백성에게 미치어 사해(四海)에 법이 되리니, 천자(天子)의 효(孝)이니라. (※ 惡은 去聲이다. ○古文孝經 孔安國 傳本에는 愛親者 앞에 '子曰'이 있는데, 그것은 章을 달리한 때문이다.)

〔註〕 親은 謂父母也 愛者는 仁之端이요, 敬者는 禮之端이라. 惡者는 愛之反이요, 慢者는 敬之反이라. 德敎는 謂至德之敎라. 刑은 儀

刑也라. 孔子는 卽言孝者는 德之本이라. 敎之所由生이라 하시고 於是에 首言天子之孝하시니 天子者는 又德敎之所自出也라. 爲天子而愛其親者는 必於人에 無不愛而不敢有所惡於人하고 敬其親者는 必於人에 無不敬而不敢有所慢於人하나니 我之愛는 旣盡則人亦興於仁而知所愛矣요 我之敬이 旣盡則人亦興於禮而知所敬矣리니 夫如是則四海之大와 百姓之衆에 皆知有所視傚而同歸於孝矣니 此蓋天子之孝니 當如是也라. 天子者는 天下之表也니라. 上이 行之則下이 傚之하고 君이 好之則民從之하나니 天子所以愛敬其親者가 如此其至則下之人이 所以愛敬其親者이러니 亦莫敢不至라. 況孩提之童이 無不知愛其親하며 及其長也하여 無不知敬其兄하니 愛親敬兄은 本人心天理之固有니 天子가 亦順其所固有而利導之耳니라. 安有感之而不應하며 倡之而不和者哉리오. 所謂先王有至德要道하사 民用和睦하여 上下無怨者는 如此하니라.

【註釋】親이란 부모를 말하는 것이다. 애(愛)란 어진 마음의 끝이요(仁之端), 경(敬)이란 예의의 끝이요(禮之端), 오(惡)란 사랑의 반대가 되며(愛之反), 만(慢)이란 공경하는 것의 반대이며(敬之反), 덕교(德敎)란 지극한 덕(德)의 가르침을 말하며(謂至德), 형(刑)은 의형(儀刑)이다.

공자(孔子)께서는 이미 효(孝)란 덕(德)의 근본이어서 모든 가르침이 여기에서 생긴다고 말씀하셨다.

이에 첫째로 천자의 효도를 말씀하시어, 천자라는 것은 또 덕교(德敎)가 스스로 생기는 바다. 천자가 되어서 그 부모를 사랑하는 자는 반드시 백성에 있어서도 사랑하지 않음이 없어서 감히 백성에게 미워하는 바가 있지 않고, 그 부모를 공경하는 자는 반드시 백성에 있어서도 공경하지 않음이 없어서 감히 백성에게 교만하는 바가 있지 않나니. 나의 사랑이 이미 극진하면 백성도 또한 인(仁)에서 흥기(興起)하여 사랑하는 것을 알 것이고, 나의 공경이 이미 극진하면 백성들도 또한 예(禮)에서 흥기하여 공경하는 것을 알터이니, 대개 이와 같이 하면 세상의 큰 백성들의 무리까지도 모두 보고 본받을 바를 알아서 효도하는 일로 같이 돌아갈 것이니, 이는 대개 '천자(天子)의 孝'가 마땅히 이와 같은 것을 말한 것이다.

천자(天子)란 천하(天下)의 대표이다. 윗사람이 행하면 아랫사람이 이를 본받고, 임금이 좋아하면 백성들이 따른다.

천자가 그 부모를 사랑하고 공경하는 것이 이와 같이 극진하고 보면, 아랫사람들이 그 부모를 사랑하고 공경함도 또한 감히 극진하지 않을 수가 없다. 하물며 어린아이들까지도 제 부모를 사랑할 줄 알지 못함이 없으며, 그들이 자라서는 제 형을 공경할 줄 알지 못함이 없다는 것은 부모를 사랑하고 형을 공경하는 것은 본래 사람의 마음이요 하늘의 이치로 본래 있는 것이니, 천자도 또한 그 본래부터 있어온 바에 순종해서 인도할 뿐이다. 어찌 제 마음에 감동하면서 응하지 않으며, 한쪽에서 떠드는데 이에 화답하지 않겠는가?

이른바 선왕의 지덕(至德)과 요도(要道)가 있어서 백성들로서 상하가 화목하고 원망이 없는 것이 이와 같다.

【語義】 ○애(愛) : 안으로 자기의 부모를 사랑하고 밖으로 남을 미워하지 않는 것이다. (←內愛己親而 外惡於人也)

○경(敬) : 부모나 존자(尊者)를 대해서는 몸을 조심하여 공손히 받드는 것이다. 안으로 자기의 부모를 공경하고 밖으로 남을 업신여기지 않는다. 지덕이 되는 것이다. (內敬其親而外不慢於人 所以爲至德也) 인자한 사람은 남을 사랑한다. 예(禮)가 있는 사람은 남을 공경한다. 남을 사랑하는 사람은 남이 늘 그를 사랑하고, 남을 공경하는 사람은 남이 늘 그를 공경한다. (仁者愛人 有禮者敬人 愛人者 人恒愛人 敬人者 人恒敬人→孟子 離婁下 無一朝之憲章에)

○事(사) : 섬기다. 마음을 다해서 받드는 것이다. 진(晉)나라 대부(大夫) 난공자(欒共子)가 말하기를, "백성들은 세 가지로 살아 있다. 그러니 이 셋에 대하여는 한결같이 섬길 것이다.

아버지가 나를 낳으시고, 스승이 나를 가르치시고, 임금이 나를 기르시었다. 아버지가 아니면 낳을 수 없고, 먹지 않으면 자랄 수 없고, 가르치지 않으면 알지 못한다. 이 세 가지는 백성들을 살게 하는데 비숫한 것이다. 그러므로 셋을 하나같이 섬겨서 오직 그 섬기고 있는 곳에서 죽음에 이르게 하여 각각 섬길 것이다. 생에 대하여 갚음을 죽음으로써 하며, 주신 것에 대하여 갚음을 힘으로써 함이 사람의 도리이다.”하였다.(晋大夫 欒共子 曰 生民於三 事之如一 父生之 師教之 君食之, 非父不生 非食不長 非教不知 生之族也 故 一事之 唯其所在 則致死焉, 報生以死, 服賜以力 人之道也) 이처럼 부모나 스승이나 임금 등 존경(尊敬)할만한 어른을 몸과 마음을 다해 받드는 것을 여기서는 ‘事’라 말한 것이다.

○德教(덕교) : 윤리도덕으로 교화(敎化)하는 것. 앞의 글에서 나오는 仁·義·禮·智·信과 孝·悌·愛·敬·事를 윗사람을 보고 아랫사람이 본받는 것이 덕교(德敎)이다.

공자(孔子)께서 말씀하셨다. “덕(德)이란 본래 모든 사람의 마음 속에 갖추어져 있어, 누구나 다같이 좋아하는 바이기 때문에, 덕(德) 있는 사람에게는 반드시 그 덕을 흠모하여 따르는 이가 있게 마련이니 이는 흡사 주거(住居)에는 반드시 이웃집이 있는 것과 같은 이치이니라.”(子曰 德不孤 必有隣→論語 里仁篇 二十五章)

○百姓(백성) : 염약거(閻若璩)의 맹자 석지우속(孟子釋地又續)에 의하면 백성(百姓)은 서민일반(庶民一般)을 가리키는 경우와 백관(百官)을 가리키는 경우의 두 가지가 있는데, 여기서는 前者를 가리키는 것이다. 요전(堯典)에는 “二十八年에 방훈이 세상을 떠났다. 백성들은 부모를 잃은 것같이 三년 동안 사해(四海)에 잠잠히 八음의 악기 소리가 멎었다.”고 하였고, 공자(孔子)께서는 “하늘에는 두 해(日)가 없고, 백성에게는 두 임금이 없다.”고 말씀하셨다. (堯典 曰 二十有八載 放勳乃徂落 百姓如喪考妣 三年 四海 遏密八音. “孔子曰 天無二日 民無二王.”) 이 글에서 지칭하는 백성과 지금의 민주국가(民主國家)에서 국민(國民)이라는 말과는 차이가 많다.

○刑(형) : 의법(儀法)이 되다, 모범이 되다, 법도가 되다. 공안국(孔安國)의 전(傳)에 ‘刑, 法也’라 했다.

○四海(사해) : 사방이 바다 안이니 천하를 다 이른 것이다. (← 언해 효경) 온 세상의 뜻이다. “군자(君子)가 공경하고서 잃음이 없으며, 남

과 더불어 공손하고서 예가 있으면 사해(四海)의 안이 모두 형제이니
군자가 어찌 형제가 없음을 근심하겠느냐?"(君子敬而無失, 與人恭而
有禮 四海之內 皆兄弟也 君子何患乎無兄弟也→論語 顔淵篇 五章)

　　○天子(천자) : 천자는 백성들의 부모가 되심으로써 천하의 왕(王)이
되는 것이다(天子作民父母 以爲天下王→書經 周書 洪範)고 하였고,
천자는 온 나라를 다스리는 분으로 여러 관리들이 받들고 공경하여 임
금님의 말씀이 바로 명령이 됩니다. (天子惟君萬邦 百官承式　王言惟
作命→書經 商書 說命上) 또 「예기(禮記)」의 표기篇에　공자(孔子)
의 말씀으로써 "천자는 하늘의 명(命)을 받아 행한다."(唯天子 受命于
天)라 하였다. 곧 천자는 하늘의 명을 받아 백성을 다스리는 모범이 되
는 인격을 갖춘 사람으로 만민(萬民)이 받들어 공경할 수 있어야 하는
것이다.

○ 在上不驕하면 高而不危하고　制節謹度하면　滿而不溢하나니　高
而不危는　所以長守貴요　滿而不溢은　所以長守富니　富貴
를　不離其身然後에야　能保其社稷하며　而和其民人하리니　蓋
諸侯之孝라. (※ 離去聲　守貴守富之孝下　今文各有也字)

◉ 윗자리에 있으면서 남에게 교만하지 아니하면 지위가 높아도 위태
하지 아니하고, 재물을 쓰는 것을 절제하며 법도를 삼가하여 지키면 권
세가 차도 넘치지 않는다.

　지위가 높아도 위태롭지 않으면 오래도록 귀(貴)함을 지키게 될 것이
요, 권세가 차도 넘치지 않으면 오래도록 부(富)를 지키게 될 것이니
라.

　이렇듯 부귀(富貴)가 그 몸에서 떠나지 않게 한 연후에 능히 그 사직
을 보전하고, 그 백성을 화평하게 할 수 있는 것이니, 이것이 제후(諸
侯)의 효이니라. (離는　去聲이다. 守貴也. 守富也孝也로 今文孝經에
는 각각 '也'字가 있다. 또한 在上 앞에 子曰 二字가 있는 것을 本
書에서는 省略하였다.)

〔註〕 在上은 在一國臣民之上이라. 驕는 矜肆也라. 高는 居尊位也
라. 危는 不安也라. 制節은 制財用之節이요 謹度는 謹守法度也라.
滿은 處富足也라. 溢은 涌泛也라. 位尊曰 貴요 財足曰 富라. 社稷
은 國之主也니 諸侯는 初受封則天子가 賜之士하여 使歸其國而立社
稷하니 以社는 主土하고 稷은 主穀하여 民生所賴以安養者也라. 諸
侯는 在一國臣民之上하여 而不敢自驕하면 則身雖居高이나 而不至
於危殆不安矣오 制節財用하며 謹守法度면 則財雖盛滿이나 而不至
於涌泛蕩溢矣라. 居高位而不危면 則不失其位之貴하리니 是는 所以
長守此貴也요 處盛滿而不溢하면 則不失其財之富하리니 是는 所以
長守此富也니 富與貴는 常不離其身하나니 如此然後에야 方能保有
其社稷하며 而和調其民人하리니 此는 蓋諸侯之孝가 當如是也라. 蓋
自其始封之君으로 受命於天子하여 而有民人하며 有社稷하여 以傳
之子孫하니 所謂國君이 積行累切하여 以致爵位니 豈易而得之哉리
오. 則爲諸侯之先公者는 其身이 雖没이나 其心은 猶願有賢子孫하
여 世世守之而不失也하니 爲其子孫者가 果若循理奉法이면 足以長
守其富貴하여 則能保先公之社稷하며 和先公之民人矣리니 諸侯之所
以爲孝者 莫大於此어니와 如其不念先公積累之艱勤하고 恣爲驕奢하
여 至於危溢이면 以失其富貴하여 而不能保其社稷民人하리니 則不
孝莫甚焉이라. 此는 諸侯의 所當戒也니라.

【註釋】 在上은 한 나라 백성들의 위(上)에 있다는 것이고, 驕는 교만
하고 방자한 것이다. 高는 높은 지위에 있는 것이다. 危는 편하지 못
한 것이다. 制節은 재물(財物)을 절제(節制)있게 씀이고, 謹度는 삼
가 법도(法度)를 지키는 것이다. 滿은 부자로 넉넉하게 지내는 것이다.
溢은 물이 넘쳐 흐르는 것이다. 높은 지위를 貴하다 하고, 재물이 넉
넉함을 부자라 하니, 社稷은 나라의 主인 것이다. 諸侯가 처음 봉(封)
을 받게 되면 天子가 땅을 주어 제(←諸侯 자신) 나라로 돌아가서 사
직을 세우게 한다. 社는 땅(土地)을 주장하는 것이고, 稷은 곡식을 주
장하는 것이니, 백성들이 여기에 의지하여서 편안하게 사는 것이다.
　諸侯가 한 나라의 백성들의 위에 있으면서도 감히 스스로 교만하지

않으면 몸은 비록 높은 지위에 있으나 위태롭거나 불안한 데 이르지 않고, 재물 쓰는 것을 절제있게 하며, 법도를 조심하여 지키면 재물이 비록 많고 가득하나 넘쳐 흐를 염려가 없다. 높은 지위에 있고서도 위태롭지 않다면 그 지위의 귀한 것을 잃지 않기 때문에 이로써 길이 그 부를 지키게 된다. 이렇게 하여 부(富)와 귀(貴)가 항상 그 몸에서 떠나지 않게 한 뒤에라야 능히 그 사직(社稷)을 보전하며 백성들을 조화시킬 수 있는 것이니, 제후의 효도는 마땅히 이래야만 할 것이다.

　대개 제후가 처음 君으로 봉(封)을 받은 이후로 천자(天子)에게서 명령을 받아 백성을 가지게 되며 사직도 두어서 이로써 자손에게 전하니, 이른바 국군(國君)이 행적을 쌓고 공을 많이 쌓아서 이로써 작위(爵位)를 얻게 되나니 그것이 어찌 쉽게 얻어지겠는가? 그렇기 때문에 제후가 된 자는 그 몸이 비록 죽더라도 그 마음은 오히려 바라기를 어진 자손이 있어서 그 자리를 대대로 지켜서 잃지 않으려 하니, 그의 자손된 자들이 과연 만약 이치에 따르고 법을 받든다면 충분히 길이 지킴으로써 그가 부귀(富貴)하며 능히 선대의 사직을 보전하며 선대의 사직(←백성)을 화락하게 할 것이니, 제후가 소이(所以) 효도하는 것보다 더 큰 것이 없거니와, 만일 그의 선대의 행적을 쌓고 공적을　쌓은 어려움을 생각지 않고 방자스럽게 교만하고 사치하여 위태롭고 넘치는 지경에 이르면 이로써 그 부귀를 잃어서 능히 그 사직과　백성을 보전할 수 없을 것이니 불효가 이보다 심함이 없을 것이다.　이것은 제후가 마땅히 경계할 바이다.

【語義】○諸侯(제후):「孟子」離婁章上에 "天子가 인자하지　않으면 사해(四海)를 보존하지 못하고, 제후가 인자하지 않으면 사직(社稷)을 보존하지 못하고, 경·대부가 인자하지 않으면 종묘를 보존하지　못하고, 사서(士·庶)인이 인자하지 않으면 사체(四體)를 보존하지　못한다." 했다. (天子不仁 不保四海, 諸侯不仁 不保社稷, 卿大夫不仁 不保宗廟 士庶人不仁 不保四體)
　또한 제후는 天子에게 술직(述職)을 해야 한다. 「孟子」告子章下篇 逢君之惡章에 "제후가 한 번 입조(入朝)하지 않으면 그 작위(爵位)를 떨구고, 두 번 입조하지 않으면 그 땅을 깎고, 세 번 입조하지 않으면 六師를 그곳으로 이동시킨다. 그렇기 때문에 天子는 토죄(討罪)하지 정벌하지는 않고, 제후는 정벌(征伐)하지 토죄하지는 않는 것이다.”(一不朝則貶其爵 再不朝則削其地 三不朝則六師移之 是故 天子討而不伐 諸侯 伐而不討) 맹자께서 말씀하시기를, “제후의 보배는 세 가지다. 토지와 인민과 정사다. 주옥을 보배로 여기는 자는 앙화(殃禍)가 반드시 미치게 될 것이다.” 했다. (孟子曰 “諸侯之寶三 土地·人民·政事. 寶珠玉者 殃必及身”) 즉 제후는 천자가 봉(封)한 지위로 그 봉토(封土)를 다스렸다. 「禮記」 王制篇에 “왕자(王者)의 봉록(俸祿)과 작위(爵位)를 제정한 것에는 公·侯·伯·子·男으로 모두 다섯 등급이고, 제후에게는 上大夫卿·下大夫·上士·中士·下士로 모두 다섯 등급이다.

　천자의 영전(領田)은 사방이 천리(千里)이고, 공후(公·侯)의 영전은 사방 백리(百里), 백(伯)은 칠십리(七十里), 자·남(子·男)은 오십리(五十里)이다. 오십리가 못되는 자는 직접 천자께 조회(朝會)하지 않고, 五等의 제후에 붙여서 천자께 조회하니 부용(附庸)이라고 한다. 또 천자의 대신인 삼공(朝庭의 最高位로 太師·太保·太傅)의 영전은 공·후에 준하고, 천자의 卿은 伯에 준하고, 천자의 大夫는 子·男에 준하고, 천자의 원사(元士)는 附庸에 준한다.”(王者之制祿爵　公侯伯子男 凡五等 諸侯之上大夫卿下大夫上士中士下士 凡五等 天子之田方千里, 公侯田 方百里, 伯七十里, 子男五十里, 不能五十里者 不合於天子 附於諸侯 曰附庸, 天子之三公之田 視公侯, 天子之卿 視伯, 天子之大夫 視子男, 天子之元士 視附庸) 이처럼 영토(領土)를 가지고 있는 사람을 군주(君主)라 한다.

　○在上不驕(재상불교) : 위에 있으면서 남에게 교만하지 않음.

　○制節謹度(제절근도) : 제도에 맞게 절약하고 법도를 삼가 조심함.

　○滿而不溢(만이불일) : 부(富)가 천승(千乘)이 되어 가득하여도 넘치지 않음. ※兵車一乘에는 戎馬(융마→군마)가 四필, 牛(우) 二十두, 갑사(甲士 : 무장한 전투병) 三인, 창과 방패를 갖춘 卒(졸 : 도보로 종군하는 보병) 七十二인으로 되어 있다. 千乘이라고 하면 十萬대

군에 해당하며, 方幾千里(방기천리)에 萬乘天子(만승천자)라 하면 兵車萬乘(병차만승)이니, 百萬大軍을 거느린 君主로 곧 천자인 것이다. 또 體泉銘에 "居高思墜 持滿戒溢 念茲在茲 永保貞吉"(예천명에 말하기를, "높이 있을 때 떨어질 것을 생각하고, 가득히 찼을 때 넘칠 것을 경계하여 이같은 생각을 가지고 있으면 오래 보전되어 좋은 것이다." 했다.)

○社稷(사직) : '社'는 지신(地神)이고, '稷'은 곡신(穀神)으로 제후가 제사하는 신(神)이다. 전(轉)하여 제후의 국가를 말함.

○民(민) : 백성. 일반 백성. 공자께서 말씀하셨다. "임금이 백성의 말을 참작하면, 아랫사람은 윗사람의 베풀음을 하늘로 여긴다. 윗사람이 백성의 말을 참작하지 않을 때는 범(犯)한다. 아랫사람이 윗사람의 베풀음을 하늘처럼 여기지 않을 때는 어지러워진다. 그런 때문에 군자가 믿음과 사양함을 가지고 백성에게 임하면 백성이 그 예에 보답하는 것이 중(重)한 것이다. 착한 일은 남을 일컫고, 허물이 있으면 자기를 일컫는다. 그렇게 하면 백성이 다투지 않을 것이다. 착한 일엔 남을 일컫고 허물이 있으면 자기를 일컫는다. 그렇게 하면 백성이 착한 일을 양보할 것이다." 했다. (子云 "上酌民言則下天上施 下不天上施則亂也 故 君子信讓 以涖百姓則民之報禮重, 善則稱人 過則稱己 則民不爭, 善則稱人 過則稱己 則民讓善.") 즉 백성은 지극히 어리석어도 속일 수가 없다. 「禮記」의 방기(坊記) 篇에 있는 말이다.

○非先王之法服이어든 不敢服하며, 非先王之法言이어든 不敢道하며, 非先王之德行이어든 不敢行이니, 是故로 非法不言하며, 非道不行하여 口無擇言하며 身無擇行이라. 言滿天下라도 無口過하며 行滿天下라도 無怨惡하나니 三者를 備矣然後에야 能守其宗廟하리니 蓋卿大夫之孝也라.

(德行, 擇行, 行滿之行並去聲 惡去聲. 刪去子曰)

◉ 선왕(先王)의 법복(法服)이 아니면 감히 입지 아니하고, 선왕의 법

언(法言)이 아니면 감히 말하지 아니하고, 선왕의 덕행이 아니면 감히 실행하지 아니하니, 그러므로 법이 아니면 말하지 아니하고, 도가 아니면 행하지 아니하여 이로써 입에 택언(擇言)이 없으며, 몸에 택행(擇行)이 없게 되느니라. (제 자신이) 한 말이 천하에 가득 차더라도 그 입에서 (나온 말에는) 과실이 없고, (제 자신의) 행동이 천하에 가득 차더라도 원망과 증오가 없게 되느니라.

　이 삼자가 갖추어진 연후에라야 능히 그 종묘(宗廟)를 지킬 수 있을 것이니, 이것이 대개 경대부(卿大夫)의 효이니라. (德行과 擇行과 行滿의 行은 去聲이며, 惡도 去聲이다. 子曰은 깎아버림.)

【註】法服은 法度之服이니 先王이 制禮에 異章服하여　以別品秩하시니 卿은 有卿之服하고 大夫는 有大夫之服이라. 法言은　法度之言이요, 德行은 心有實得而見之躬行者也라. 無擇은 謂言行이 皆遵法合度하여 而無可選擇也. 爲卿大夫者는 當遵守禮法하며 謹修德行하여 非先王之法服이어든 不敢服은 惟恐服之不中이 身之災也요 非先王之法言이어든 不敢道는 惟恐言輕而招辜也오.　非先王之德行이어든 不敢行은 惟恐行輕而招辱也니 以此之故 非法則不言하니 言則必合法하고 非道則不行하니 行則必中道하여 出於口者에　旣無可擇之言하고 行於身者에 亦無可擇之行이라. 是以로 言之多는　至於徧滿天下라도 而無口過하며 行之多는 至於徧滿天下라도　而無怨惡하나니 服法服道法言行德行三者를 旣全徧矣然後에야 上無得罪於君하고 下無得罪於民하여 斯能長守其宗廟하여 以奉其先祖之祭祀矣리니 此는 蓋卿大夫之孝道也라. 古者에 宗廟之制에 天子는 七廟요 諸侯는 五廟요 大夫는 三廟요 卿은 與大夫로 同이라. 若服非法之服이면 是는 僭也요 道非法之言이면 是는 妄也요 行非德之行이면 是는　僞也니 三者에 有其一이면 則不免於罪하여 而宗廟를 有所不能守矣리니 故로 以是言之면 卿大夫는 通王朝侯國之卿大夫而言이오. 卿之上에 有公은 卽諸侯也니라.

【註釋】 법복(法服)은 법도(法度)에 맞는 옷이니, 선왕이 제도에 따라

입는 옷을 다르게 해서 사람의 벼슬 계급을 구별하였다. 공경 (公卿)에
게는 공경의 옷이 있고, 대부 (大夫)에게는 대부의 옷이 있었던 것이다.
법언 (法言)이란 법도에 맞는 말이다. 덕행 (德行)은 마음 속에 얻은 것
이 있어서 이것이 나타나게 몸소 행하는 것이다. 가리지 않는다 (無擇)
고 하는 것은 말이나 행동이 모두 법을 잘 지켜서 법도에 맞기 때문에
가릴 필요가 없다는 말이니, 경대부 (卿大夫)가 된 사람은 마땅히 예법
을 지키고 조심하여 덕행을 닦아야 할 것이다.

　선왕의 법복 (法服)이 아니거든 감히 입지 않는다는 것은, 오직 옷이
법도 (法度)에 맞지 않는 것이 몸에 재앙이 될까 두려울 뿐이고, 선왕
의 법언 (法言)이 아니거든 감히 말하지 않는 것은 오직 말을 경솔히 하
여 허물을 불러올까 두려울 뿐이고, 선왕의 덕행이 아니거든 감히 행하
지 않는다는 것은 오직 행동이 경솔하여 욕을 불러올까 두려워할 뿐이
니, 이런 까닭으로써 법도가 아니면 말을 않나니 말을 하면 반드시 법
도에 맞아야 하고, 도가 아니면 행하지 않나니 행하면 반드시 도에 맞
아서 입에서 나오는 말이 이미 가릴 필요가 없게 되고, 몸으로 행하는
일도 또한 가릴 필요가 없게 된다. 이런 까닭으로 말의 많음이 세상에
가득하여 두루 이르더라도 입의 과실이 없으며, 행동의 많음이 세상에
가득하여 두루 이르더라도 원망하고 미워함이 없을 것이니, 법복 (法服)
을 입고 법언 (法言)을 말하고 덕 (德)을 행하여 이 세 가지　것이　이미
온전히 갖추어진 후에야 위로 임금에게 죄를 짓지 않고, 아래로는 백성
에게 죄를 짓지 않아서 이 능히 길이 그 종묘 (宗廟)를 지켜서　이로써
그 선조 (先祖)의 제사를 받들 것이니, 이는 대개 경대부의 효도다.

　옛날 종묘 (宗廟)의 제도에 천자는 칠묘 (七廟)이고, 제후는 오묘 (五
廟)이고, 대부는 삼묘 (三廟)이고, 경 (卿)은 대부와 같았다. 만일 법도
에 맞지 않는 옷을 입으면 이는 참람된 것이고, 법도에 맞지　않는 말
을 하면 이는 망령된 것이고, 덕 (德)이 아닌 행동을 행하면 이는 거짓
이다. 이 세 가지 것 중에서 그 한 가지만 있으면 죄를 면 (免)치 못하
여 종묘를 능히 지킬 수 없는 바가 있을 것이다.

　그러므로 이로써 말을 한다면 경대부는 왕조 (王朝)나　제후 (諸侯)의
나라를 통한 경대부 (卿大夫)를 말한 것이고, 경 (卿)의 위에 있는　공

(公)은 곧 제후이다.

【語義】○先王(선왕) : 선대의 훌륭한 임금. 또는 고대의　성왕(聖王)을 가리킨다. 「禮記(예기)」의 祭義(제의) 篇에 "고대의 현왕(賢王)들이 천하를 다스렸을 때의 마음가짐은 다섯 가지였다. 덕(德)이 있는 사람을 귀하게 여기고, 신분이 고귀한 사람을 귀하게 여기고, 노인을 귀하게 여기고, 연장자(年長者)를 공경하고, 유소(幼少)를　자애(慈愛)롭게 대하는 것이다. 이 다섯 가지가 선왕(先王)들이 정치를 할 때의 마음가짐이었다. 덕(德)이 있는 사람을 어째서 귀하게 여기느냐 하면 덕이 있는 사람은 (인간의) 정도(正道)를 터득한 사람에 가깝기 때문이다. 신분이 고귀한 사람을 귀하게 여기는 것은 그것이 임금에 가깝기 때문이다. 노인을 귀하게 여기는 것은 부모에 가깝기 때문이다. 연장자(年長者)를 귀하게 여기는 것은 형(兄)에 가깝기 때문이다. 유소(幼少)자에게 자애(慈愛)로움은 내 자식에 가깝기 때문이다. 그러므로 (효성이) 지극한 효자는 천하의 왕에게 가깝고, (우애가) 지극한 현제(賢弟)는 패자(覇者)에 가깝다. 그것이 어째서 그러냐 하면 천자라 할지라도 사람에게는 부모가 있고, 이를 섬기어 경애를 다하여 효자의 모범이 됨으로써 만인이 따르게 되어 천하의 왕이 될 수가 있는 것이다. 또 제후에게도 반드시 형이 있으며, 이를 섬기기를 공경을 다하여 아우의 도리를 행함으로써 다른 제후가 따르고 패자가 될 수가 있는 것이다. 따라서 고대 현왕(賢王)의 도(道)는 그대로 이어받아 개정할 필요가 없으며, 이를 행하면 천하의 국가를 다스릴 수가 있는 것이다." 했다. (先王之所以治天下五, 貴有德·貴貴·貴老·敬長·慈幼 此五者 先王之所以定天下也, 貴有德何爲也. 爲其近於道也, 貴貴爲其近於君也, 貴老爲其近於親也. 敬長爲其近於兄也. 慈幼爲其近於子也. 是故 至孝近乎王 至弟近乎覇, 至孝近乎王雖天子必有父 至弟近乎覇雖諸侯必有兄, 先王之教因而弗改, 所以領天下國家也.)라는 말이 있고, 「禮記(예기)」의 禮器(예기) 篇에 "선왕(先王)은 예(禮)를 제정(制定)함에 있어서 여기에 근본(根本←실질)과 형식을 갖게 하였다. 즉 (예를 행하는 사람의) 성의(誠意)는 예의 근본이고, 예의범절의　규정

은 예의 형식이다. 근본 없이는 예가 존재하지 못하고, 형식이 없이는
실행이 불가능한 것이다."했다.(先王之立禮也 有本有文 忠信禮之本
也 義理禮之文也 無本不立 無文不行.)

　○法服(법복) : 의복(衣服)은 사람의 신분을 겉으로 나타내는 것이니
尊・卑・貴・賤에 각기 등차가 있는 것이다. 때문에 천자에게는 천자
의 옷이 있어, 日・月・星・辰을 수(繡)놓아 입고, 제후에게는 제후의
옷이 있어서 山・龍・華(草)・虫(雉)을 수놓아 입고, 대부는 대부의 옷
이 있어서 藻(水藻)・火(火燄)을 수놓아 입고, 士는 士의 옷이 있어
粉・米를 수놓아 입었다. 선왕지법복(先王之法服)이란 곧 先代의 王
이 정한 禮法에 맞는 의복을 말하는 것이다. 즉 신분의 차등뿐 아니라
儀禮(의례)에 있어서도 조복(朝服)・禮服(예복)・祭服(제복)・喪服(상
복)・弔服(조복) 등은 禮에 맞게 입어야 하는 것이다. 지금 현대에도
법복(法服←제복)을 입는 관습은 이어지고 있다.

　○法言(법언) :「古文孝經(고문효경)」의 孔安國 傳에 "法言이란 孝
・弟・忠・信・仁・誼・禮・典을 말한다."했다. 선왕지법언(先王之法
言)은 先王이 제정해 놓은 예법에 맞는 말을 말한다.

　○德行(덕행) : 덕을 닦아서 윤리도덕에 맞게 실천하는 어진 행실을
말한다. 이것은 위로는 편안함을 이루고, 아래로는 감화가　드러나고
후세에는 교화가 나타난다. 선왕지덕행(先王之德行)은 先王이 제정하
여 실행한 도덕에 맞는 행위를 말한다. 유가사상(儒家思想)에서는 孝
를 근본으로 하는 德行을 이상적인 인간의 목표로 삼고 있다.

　○宗廟(종묘) : 선조(先祖)의 위패(位牌)를 모셔 놓은 곳. 즉 신전
(神殿)이다. 뜻이 轉하여 국가・나라의 뜻으로도 쓰인다.

○資於事父하여 *以事母*하되 *而愛同*하며 *資於事父*하여 *以事君*
하되 *而敬同*이라. 故로 *母取其愛*하고 *而君取其敬*하나니 *兼之*
*者父也*라. 故로 *以孝事君則忠*이오 *以敬事長則順*이니 *忠順*
을 *不失*하여 *以事其上然後*에야 *能保其爵祿*하며 *而守其祭*
*祀*하리니 *蓋士之孝也*라. (長上聲, 去子曰)

◉ 아버지 섬기는 것을 자뢰하여 어머니를 섬기면 사랑하는 마음이 한 가지며, 아버지 섬기는 것을 자뢰하여 임금을 섬기면 그 공경하는 마음이 한 가지이다.

그러므로 어머니를 섬기는 데는 그 사랑하는 마음을 취하고, 임금을 섬기는 데는 그 공경하는 마음을 취하니, 이 두 가지를 겸한 것이 아버지이다.

그러므로 효(孝)로써 임금을 섬기면 곧 충(忠)이 되는 것이요, 제(悌)로써 어른을 섬기면 곧 순(順)이 되는 것이다. 충과 순을 잃지 않고 그 윗사람을 섬긴 연후에야 그 작록(爵祿)을 보전하고 그 제사를 지키게 될 것이니, 이것이 사(士)의 효이니라. (長은 上聲이다. 앞에 子曰을 깎아버렸다.)

〔註〕資는 取也니 取事父之道하여 以事母면 其愛母則同於愛父하니 雖未嘗不敬也나 而以愛爲主하니 以父는 主義하고 母는 主恩故也오. 取事父之道하여 以事君이면 其敬君則同於敬父하니 雖未嘗不愛也나 而以敬爲主하니 以君臣之際는 義勝恩故也니 以此之故로 事母엔 取其愛하고 事君엔 取其敬하나니 合愛與敬하여 而兼之者는 惟父然也故로 由是로 移事父之孝하여 以事君이면 則爲忠矣이오. 移事父之敬하여 以事長이면 則爲順矣니 盡其忠順하여 而不失其道하여 以此로 事其上然後에야 能常安其祿位하며 永守其祭祀矣리니 此에 蓋士之孝는 當如是也라. 君은 言社稷하고 卿大夫는 言宗廟하고 士는 言祭祀하니 各以其所事로 爲重也요 庶人은 薦而不祭하니 又非士之此矣라. 此章은 蓋言人必有本하니 父者는 生之本也니 愛與敬을 父兼之 所以致隆於父하니 一本故也라. 致一而後에 能誠하며 和本而後에 能孝하나니 故로 移孝以事君이면 則爲忠이오. 移敬以事長이면 則爲順이니 能保爵祿하며 而守祭祀는 豈不宜哉아. 士는 事也니 自一命以上으로 皆有所事故로 名曰 士니 士有上中下三하니 初命爲下士하고 等而上之하여 爲中士上士라.

【註釋】자(資)는 취(取)하는 것이니, 아버지를 섬기는 도리를 취하여

서 어머니를 섬기고 보면 그 어머니를 사랑하는 마음이 아버지를 사랑하는 마음과 같은 것이므로, 이는 비록 공경하지 않는 것이 아니지만 사랑하는 마음으로써 주장을 삼으니, 아버지로서 의(義)를 주장하고 어머니는 은혜를 주장하기 때문이다.

아버지를 섬기는 도리를 취하여서 그 마음으로 임금을 섬김으로써 그 임금을 공경하면 아버지를 공경함과 같을 것이니, 이는 비록 사랑하지 않는 것이 아니나 공경을 주장으로 삼는 것이니 임금과 신하에게는 의리가 은혜보다 낫기 때문이다. 이런 까닭으로써 어머니를 섬기는 데는 그 사랑하는 마음을 취하고, 임금을 섬기게 되는 데는 그 공경하는 마음을 취하는 것이니, 사랑과 공경이 합쳐서 두 가지를 겸한 것은 오직 아버지인 것이다.

그러므로 이로 말미암아 아버지를 섬기는 효(孝)를 옮기어 이로써 임금을 섬기면 충성이 되고, 아버지를 섬기는 공경을 옮겨서 이로써 어른을 섬기면 공순이 되는 것이니, 그 충과 공순을 극진히 하여 그 도(道)를 잃지 않아서 이것으로써 그 윗사람을 섬긴 연후에야 능히 항상 그 봉록(俸祿)과 지위를 편안히 하며 길이 그 제사를 지킬 것이니, 사(士)의 효도는 마땅히 이와 같아야 할 것이다.

임금은 사직(社稷)을 말하고, 경대부는 종묘(宗廟)를 말하고, 선비는 제사(祭祀)를 말하니, 각각 자기가 섬기는 바로써 중점을 삼은 것이고, 서인(庶人)은 드리면서 제사를 지내지 않나니 또한 선비의 비교가 아니다. 이 장은 대개 사람은 반드시 근본이 있음을 말한 것이니, 아버지는 출생의 근본이니 사랑과 공경을 아버지에게 겸하는 것은 아버지에게 높이는 바이니 하나의 근본인 까닭이다. 하나를 이루게 한 후에야 능히 정성스러우며 근본을 안 후에야 능히 효도를 하나니. 그러므로 효도를 옮김으로써 임금을 섬기면 충성이 되고, 공경을 옮김으로써 어른을 섬기면 공순하나니, 능히 작록(爵祿)을 보전하며 제사를 지키는 것이 어찌 마땅하지 않을까.

선비란 섬기는 것이니, 자기 한 목숨 이상으로 모두 섬기는 사람인 까닭에 이름을 선비라 한다. 선비에는 상·중·하(上中下)의 세 가지가 있나니, 처음에는 하사(下士)라 명명(命名)하고 등급을 매겨서 올라가면 중사(中士) · 상사(上士)가 된다.

【語義】 ○父(부) : 살아계시는 아버지는 父이고, 돌아가신 아버지는 考이다. 살아 계시는 어머니는 母이고, 돌아가시면 妣이다. 살아 있는 아내는 妻이고, 죽은 후에는 嬪이라 한다. (←「禮記(예기)」의 曲禮(곡예) 下篇 "生曰父 曰母 曰妻, 死曰考 曰妣 曰嬪.")

○而愛同(이애동) : 「古文孝經(고문효경)」에는 '而'가 '其'로 되어 있다. 愛는 仁之發이요, 仁은 親이다. 또 愛는 惠요 恩이다.

그러므로 愛에는 仁 · 親 · 惠 · 恩 · 喜의 뜻이 포함되어 있다. 「禮記(예기)」 祭義(제의) 篇에 "공자께서는 다음과 같이 말씀하셨다. 사람을 사랑하는 것을 설교하려면 먼저 부모를 사랑하는 것부터 시작하는 것은 사람에게 상호 친목의 도(道)를 가르치기 위함이다. 사람을 공경함을 설교하려면 먼저 연장자(年長者)를 공경하는 것부터 시작하는 것은 사람에게 순종의 도(道)를 가르치기 위함이다."(子曰　立愛自親始 教民睦也 立敬自長始 教民順也.) 라고 한 것을 보면, 愛 · 敬을 바탕으로 백성을 대했음을 알 수 있다. 而敬同(이경동), 이것 역시 「古文孝經」에는 '而'가 '其'로 되어 있다.

○忠(충) : '충'이란 나라에 있어서 버릴 수가 없는 것이고, '효'란 가정에 있어서 게을리 할 수가 없는 것이다. 또한 '忠'은 중정(中正)의 뜻이니 지극히 공평무사(公平無私)한 것이다. 하늘은 무사하여 사철을 운행(運行)케 하고 땅은 무사하여 만물을 생존케 하고 있으니, 사람도 무사하면 크게 형통(亨通)하고 바르게 되는 것이다.

'충'이란 것은 또 마음을 하나로 하는 것을 말한다. 나라를 다스리는 근본을 볼 때 그 무엇이 '충'으로 말미암지 않는게 있는가? '충'은 임금과 신하 사이를 굳건히 해주고 나라를 평안히 해주며, 하늘과 땅도 감응(感應)케 하고 신명(神明)도 감동시키는 것이니 하물며 사람에게 있어서야 어떠하겠는가? '충'이라는 것은 자신(自身)에게서 일어나 집안을 통해서 정착(定着)되고 나라를 통해서 성취(成就)되는 것인데 그 행동은 모두가 하나인 것이다. 그러므로 그 자신이 마음을 하나로 하는 것은 '충'의 시발(始發)이며, 그 집안이 마음을 하나로 하는 것은 '충'의 중간 단계이며, 그 나라가 하나로 하는 것은 '충'의 최종 단계이다. 자신이 마음을 하나로 하면 온갖 복록(福祿)을 받게 되고, 집안이 마음을 하나로 하면 온 친족이 화목하게 되며, 나라가 마음을 하나로 하면 만인이 잘 다스려지게 된다. 「書經(서경)」에도 말하기를, "오직 마음을 정성되고 하나가 되게 함으로써 진실로 그 중정(中正)함을 지켜야만 한다."고 하였다. (忠者中也 至公無私 天無私四時也 地無私萬物生 人無私大亨貞. 忠也者 一其心之謂矣 爲國之本 何莫由忠? 忠能固君臣 安社稷 感天地 動神明 而況於人乎? 夫忠興於身 著於家 成於國 其行一焉 是故 一於其身 忠之始也 一於其家 忠之中也. 一於其國 忠之終也. 身一則百祿至 家一則六親和 國一則萬人理 書云 惟精惟一 允執厥中.)

○弟(제) : 悌와 相通字이다. 형은 동생을 사랑하고 동생은 형을 잘 공경하여 섬기는 것을 뜻한다. '以敬事長'이 「古文孝經」에는 '以弟事長'으로 되어 있다.

○順(순) : 따르다. 「孟子」의 離婁章句上에 맹자께서 말씀하시기를, "하늘의 뜻에 따르는 자는 생존하고, 하늘의 뜻에 거슬리는 자는 멸망한다."(孟子曰 順天者存 逆天者亡)고 했으며, 順은 '쫓다'의 뜻도 있다. 「詩經」大雅에 "행동은 덕(德)을 쫓는다네."(順德之行)가 보인다. 즉 順從을 뜻하며 天道에 따르는 것을 말한다. 「禮記」의 禮運篇에 대순(大順)의 도(道)는 사람들이 살아 있는 부모를 충분히 봉양하고 죽으면 장송(葬送)하며 여러 신을 섬길 수 있는 기본 조건이다. 이 조건이 구비되어 있으면 사람들은 아무리 많은 일이 눈앞에 나타나더라도 차례차례로 지체없이 처리된다. 더구나 나누어서 하는 일이 동시에 추진되어도 섞일 염려가 없고, 또 아무리 세심한 일이라도 실수하는 일이 없으며, 아무리 복잡한 일이라도 최후까지 착오가 없고, 아무리 바쁜 때라도 여유가 보유되어 있으며, 아무리 일이 오래 계속되어도 앞뒤가 문란해지는 일이 없고, 아무리 돌아다니며 활동해도 부딪쳐서 싸움을 일으키는 일도 없다.

이와같이 만백성 각자가 자기의 직무를 완수하고 조그마한 과실도 충돌도 일으키지 않는다. 이것이 화순(和順)의 지극한 세상이라고 하는 것으로 이러한 화순(和順)의 경지에 이르는 도(道)를 알고 있어야 비로소 나라를 잘 다스려서 위험에 이르지 않고 지낼 수가 있는 것이다. (大順者所以養生送死 事鬼神之常也 故 事大積焉而不苑 竝行而不繆 細行而不失 深而通 茂而有閒 連而不相及也 動而不相害也 此順之至也 故 明於順然後 能守危也.)고 한 말에서 順의 뜻을 살필 수가 있다.

○忠順(충순) :「禮記」의 冠義篇에 "孝·弟·忠·順의 행실이 성립된 후라야 가히 사람이라 할 수 있고, 가히 사람이라 할 수 있은 후라야 가히 사람을 다스릴 수 있는 것이다."(孝弟忠順之行 立而后可以爲人 可以爲人而后 可以治人也.)라고 한 것을 보면 孝弟忠順을 人間百行의 근본으로 삼고 있음을 알만하다.

○爵祿(작록) : 爵位(작위)와 俸祿(봉록)이다.「孟子」의 萬章章句下篇 周室班爵祿章 第二에 "천자가 한 자리, 공이 한 자리, 후가 한 자리, 백이 한 자리, 자와 남이 같이 한 자리, 무릇 五등급이다. 국군이 한 자리, 경이 한 자리, 대부가 한 자리, 상사가 한 자리, 중사가 한 자리, 하사가 한 자리, 무릇 六등급이다. 천자의 제도는 땅이 사방 千리, 공과 후는 모두 사방 百리, 백은 사방 七十리, 자와 남은 사방 五十리, 무릇 四등급이다. 五十리가 되지 못해서 천자에까지는 연계를 짓지 못하고 제후에 부속되어 있는 것을 부용이라고 한다.

천자의 경이 땅을 받는 것은 후와 대등하고, 대부가 땅을 받는 것은 백과 대등하고, 원사가 땅을 받는 것은 자남과 대등하다. 큰 나라는 땅이 사방 百리가 되면 그 국군은 경의 녹의 十배, 경의 녹은 대부의 四배, 대부는 상사의 배, 상사는 중사의 배, 중사는 하사의 배, 하사는 서인으로 관직에 있는 자와 녹이 같고, 그 녹은 그가 농사짓는 대신을 하기에 충분하다."(周室班爵祿也 一天子一位, 公一位, 侯一位, 伯一位, 子男同一位, 凡五等也, 君一位, 卿一位, 大夫一位, 上士一位, 中士一位, 下士一位, 凡六等 天子之制 地方千里, 公侯皆方百里, 伯七十里, 子男五十里, 凡四等 不能五十里 不達於天子 附於諸侯 曰附庸. 天子之卿 受地視侯, 大夫受地視伯. 元士受地視子男 大國地方百里 君十卿祿, 卿祿四大夫 大夫倍上士, 上士倍中士, 中士倍下士, 下士與庶人在官者同祿 祿足以代其耕也.)라고 한 것을 보아 고대인

(古代人)의 爵祿을 살필 수가 있다. 「今文孝經」에는 '爵祿'이 '祿位'로 되어 있다.

○祭祀(제사) : "제사는 돌아가신 부모를 추모(追慕)하여 효를 계속하려고 행하는 것이다."(祭者 所以追養繼孝也 ←「禮記」祭統篇에서)라고 했고, 또 "현자(賢者)가 제사를 지내면 반드시 그 보답으로 복(福)을 받는다."라고 했다. (賢者之祭也 必受其福 ←祭統에서) 그런데 "어떤 제사든지 자주 지낼 것이 못된다. 자주 지내면 번잡하고 번잡하면 공경하는 마음이 가벼워진다. 그러나 또 제사는 너무 오랫동안 지내지 않아도 안된다. 오랫동안 지내지 않으면 (가끔하는 것조차) 태만해지기 쉽고, 태만해지면 결국 잊어버리기 쉬울 것이다. 그러므로 군자는 제사를 천체(天體)의 법칙에 맞추어 봄에는 체(禘), 가을에는 상(嘗)이란 제사를 지낸다. 가을 제사 때 이미 이슬이나 서리가 내리면 군자는 그것을 발로 밟으면 반드시 슬픈 마음이 생길 것이지만 그것은 기후가 추워서 그런 것이 아니다. 또 봄의 제사 때 이미 비・이슬이 내려 땅이 축축해지면 군자가 이를 밟고 반드시 섬뜩 느껴지는 것이 마치 돌아가신 부모를 만나는 것과도 같은 것이다. (그것은 기후가 따뜻해졌기 때문이 아니다.) 이와같이 봄에는 즐겁게 선조의 영혼이 내려오는 것을 맞이하여 제사를 지내고 가을에는 슬퍼하며 영혼이 돌아가는 제사를 지낸다. 따라서 봄의 제사인 체제(禘祭)에는 음악을 사용하지만 가을의 상제(嘗祭)에는 사용하지 않는다."(祭不欲數 數則煩 煩則不敬 祭不欲疏 疏則怠 怠則忘 是故 君子 合諸天道 春禘秋嘗 霜露旣降 君子履之 必有悽愴之心 非其寒之謂也. 春雨露旣濡 君子履之 必有怵惕之心 如將見之 樂以迎來哀以送往 故 禘有樂而嘗無樂 →祭義篇에)고 했다. 또 제사는 신분의 尊・卑에 따라서 다르다. 그러나 어떤 제사든 敬을 주로 삼는다.

○士(사) : 여기서는 선비라는 의미보다는 관리라는 뜻으로 쓰인 것이다. (士事也) 즉 大夫와 庶人의 중간에서 일을 처리하고 祿을 받는 관리의 칭호인 것이다.

○用天之道_{하며} 因地之利_{하여} 謹身節用_{하여} 以養父母_니 此_는 庶人之孝也_{라.} (養去聲, 去子曰)

◉ 하늘의 도(道→봄에 심고, 여름에 가꾸고, 가을에 익히어 겨울에 거두어 간직하는)를 쓰며, 땅의 이(利→밭·논에 각각 마땅한 곡식을 심는 것.)로 인하여 몸을 조심하여 쓰기를 절제하여 이로써 부모를 봉양하여야 하니, 이것이 서인(庶人)의 효(孝)이니라. (養은 去聲이다. 子曰은 깎아버림.)

〔註〕 天地道는 謂天道가 流行하여 爲春夏秋冬四時之運也요, 地之利는 謂土地生植農桑之利也라. 謹身者는 謹修其身하여 不妄爲也오. 節用者는 省節財用하여 不妄費也라. 庶人은 未受命爲士하여 旣不得以事君하고 所事者는 惟父母而已라. 故로 以養父母로 爲孝하나니 然이나 養父母는 在於足衣食하고 足衣食은 在於務農桑하고 務農桑은 又在於順時令別土宜하니 天之道는 春生夏長과 秋斂冬閉니 我則以春耕하며 以夏耘하며 以秋收하며 冬藏하여 用天之道는 如此則順時令矣오. 地之利는 高下燥濕이 各有宜植하니 我則或禾黍와 或秔稻와 或菽麥桑麻니 因地之利는 如此則別土宜矣라. 蓋順天道而不辨地利면 則物이 無以成이오. 辨地利而不順天道면 則物이 無以生하나니 必天道地利二者가 皆得而後에 生植成遂하여 有以足於衣食矣라. 衣食이 旣足이면 又必謹其身而不敢放縱하며 節其用而不敢奢侈하나니 惟恐縱肆則犯禮하여 而自陷於刑戮하고 侈用則傷財하여 而不免於飢寒하리니 常以此爲心이면 則所以 以養其父母者는 不徒養口體有餘라. 而養志로 亦無不足矣리니 此則庶人之孝는 所當然也라. 庶人은 泛指衆人이니 學爲士而未受命과 與農工商賈之屬이 皆是也라.

【註釋】 천도(天之道)는 하늘의 도가 유행(流行)하여 春·夏·秋·冬의 四時가 움직이는 것을 말한다. 몸을 삼가한다고 하는 것은 그 몸을

삼가하여 닦아 함부로 하지 않는 것을 말한다. 쓰기를 절도있게 하는 것은 재물을 살펴 절제있게 쓰고 쓸데없이 소비하지 않는 것이다.

서인(庶人)은 아직 명(命)을 받아 선비가 되지 않아서 이미 이로써 임금을 섬길 수가 없고, 섬길 수 있는 것은 오직 부모 뿐이다. 그러므로 부모를 봉양(奉養)함으로써 효도를 삼나니, 그러나 부모를 봉양하는 데는 의식(衣食)을 넉넉히 하는 데에 있고, 의식을 넉넉히 하는 데는 농상(農桑)을 힘쓰는 데에 있고, 농상을 힘쓰는 데에는 또 시후(時候)에 순응(順應)하고 토지의 성질에 마땅함을 구별하는 데에 있다.

하늘의 도(道)라는 것은 봄에 나서 여름에 자라고, 가을에 거두어서 겨울에 수장(收藏)하는 것이니, 우리는 곧 봄에는 씨를 뿌리는 것으로써 하며, 여름에는 김을 매주는 것으로써 하며, 가을에는 거두는 것으로써 하며, 겨울에는 수장하는 것으로써 하며, 하늘의 도(道)를 쓰는 것이 이와 같으면 시후(時候)에 순응하는 것이다. 땅의 이로움이란 높고 낮고 건조하고 습한 것이 따로 있으니 각각 마땅한 것을 심나니 우리는 곧 혹은 벼와 기장과, 혹은 메진 벼와 수도(水稻)와, 혹은 콩과 보리와 상마(桑麻)를 심는다. 이런 것을 땅의 이로움에 의하면 토질(土質)을 구별하는 것이다. 대개 천도(天道)를 순응하고 지리(地利)를 구별하지 못하면 작물(作物)이 이 연고로써 성장할 수 없고, 지리를 구별하는 것이 이와같이 이로우면서 천도에 순응하지 못한다면 작물이 이로써 생장(生長)하지 않나니, 반드시 천도(天道)와 지리(地利)의 두 가지가 모두 얻어진 후라야 낳아 번식하는 것이 제대로 이루어져서 이로써 의식이 넉넉함이 있을 것이다. 의식이 이미 넉넉하면 또 반드시 자기의 몸을 조심하여 감히 방종(放縱)하지 않으며, 그 비용을 절약하여 감히 사치하지 않는다. 오직 방종하면 예(禮)를 범(犯)하여 저절로 형벌을 받을까 두렵고, 사치스럽게 쓰면 재물을 손상하여 굶주리고 추운 것을 면치 못할 것이니, 항상 이로써 마음을 삼으면 곧 그 부모를 봉양하는 데는 한갖 부모의 입이나 몸을 넉넉히 할 뿐 아니라, 부모의 뜻을 기르는 데도 또한 부족함이 없을 것이니, 서인(庶人)의 효도는 마땅히 이래야 할 것이다.

서인(庶人)은 뭇사람을 가리켜 하는 말이니, 공부를 해서 선비는 되

었으나 아직 명을 받지 않은 사람, 그리고 농공상(農・工・商)의 붙이
가 모두 이것이다.

【語義】 ※ 本書에 用天之道 중에 '用'字와 '道'字가 「古文孝經」에는
'因'字와 '時'字로 되어 있고, 또 因地之利 중에 '因'字가 '就'字로
되어 있다.

　○天道(천도) : 天地自然의 道理. 또한 元亨利貞은　天道之常이라
한 데서 天道의 설명을 한 程傳의 註를 보면 元者 萬物之始, 亨者 萬
物之長, 利者 萬物之遂, 貞者 萬物之成이라 했다. 그러나 본章에서
는 庶民의 生業과 관련된 農時에 대한 春・夏・秋・冬의 四時 運行을
의미하는 것으로 보여진다.

　○地利(지리) : 땅의 성질과 지형의 높고, 낮고, 건조하고, 습한데 따
라 그에 맞게 작물을 심어 사람을 이롭게 하는 것을 뜻한다. 地利는 天
道에 順應해야 된다 하고, 「禮記」 郊特牲篇에 "하늘과 땅이 화합(和
合)한 뒤에라야 만물이 흥기(興起)한다."고 했다. (天地合而后 萬物興
焉.)

　○庶人(서인) : 일반 人民으로 無位 無官의 사람. 謹身하고 財節用
하며 天道에 順應하여 農事에 힘쓰는 庶民은 衣食을 넉넉히 하여 제
부모를 잘 奉養함이 곧 효도요, 국가에 忠이 되는 것이다. 그런데 「禮
記」 王制篇에 "庶人으로 벼슬에 있는 자가 받는 祿은 가족에 준하여
차등을 둔다."라고 했다. (庶人在官者 其祿以是爲羞也.) 이를 보면 전
연 無官함은 아니다.

○故로 自天子已下로 至于庶人이 孝無終始요 而患不及者
는 末之有也니라.(已下二字 今文無 于今文作於, 去子曰二字)

◉ "그러므로 위로는 천자로부터 아래로는 서인에 이르기까지　효(孝)
는 처음과 끝마침이 없으니 (끝까지 완수하지 못하고도) 환난(患難)이
미치지 않을 자 없느니라." ('已下' 두 字가 「今文孝經」에는 없다. '于'

가「今文孝經」에는 '於'로 쓰여졌다. 子曰 두 字는 깎아버렸다.)

〔註〕唐玄宗이 云하되 五孝之用은 則別하되 而百行之源은　不殊하니 自天子而下로 爲諸侯爲卿大夫爲士爲庶人이 凡五等也라. 夫子 旣條陳五孝之用하사 而具言孝道之極至하시니 則天子가 可以刑四海와 諸侯가 可以保社稷과　卿大夫가 可以守宗廟와　士가　可以守祭祀와 庶人이 可以養父母는 其必至之效이 有如此者하니 聞者는 亦宜有以自勸矣어늘 然이나 猶恐其信道之不篤하며 用力之不果하여　而反以吾言之行與不行으로 爲無所損益인가 하여 於是에　又有以警戒之하시니 謂以此之故로 上自天子로 下至庶人이 各盡其孝하여 而有終始면 則福이 必及之하여 如前所云者요 苟或雖知爲孝나　而無終始면 則禍가 必反之하여 不得如前所云者라. 蓋所謂孝者는 雖有五等之別이나 實爲百行之本하니 其始於事親하면 終於立身은 則天子로　至於庶人이　一而已矣라. 故로 夫子가 爲天子庶人하는　通說此戒하사 以結上文旨云하니 如此而禍患不及者　未之有는 言理之所必無也니　學者는 可不敬誦而謹行之哉라.

〔註釋〕당나라 현종(玄宗)이 말하되, "다섯 가지 효도하는 구별은 각각 다르나 백 가지 행실의 근원이라는 데에는 다름이 없나니, 천자로부터 아래로 제후가 되고, 경대부가 되고, 선비가 되고, 서인이 되는 것이 모두 다섯 가지 등급이다. 공자께서는 이미 다섯 가지 효도의 법을 들어서 효도의 지극한 도리를 갖추어 말씀하시니, 곧 천자는 가히 세상을 다스리고, 제후는 사직을 보전하고, 경대부는 종묘를 지키고, 선비는 제사지내는 것을 지키고, 서인은 그 부모를 봉양하게 되는 것이다. 그 효도로서의 지극한 효험이 이와같으니, 모든 사람들은 마땅히 이것을 서로 권장해서 행해야 할 것이다. 그러나 오히려 그 도를 믿는 마음이 독실하지 못할까 두렵고 힘쓰는 것이 과단성이 없을까 걱정되어 여기에 또한번 경계해 말한 것이다.

　여기에서는 위로 천자로부터 아래로 서인에 이르기까지 각각 그 효도를 극진히 하여 시작이 있고 끝이 있으면 복이 반드시 이를 것이어서

앞서 말한 바와 같은 것이고, 그렇지 않고 효도를 할 줄은 알아도 끝과
시작이 없으면 반드시 화가 미칠 것이어서 앞서 말한 바와 같은 것이다.
대개 효도는 비록 다섯 가지 구별이 있는 것이지만 실지로는 백 가지
행실의 근본이 되는 것이니, 그것이 부모를 섬기는 데서 시작하여 입
신양명하는 데서 끝난다는 것은 천자로부터 서인에 이르기까지 한 가지
이치일 뿐이다. 그러므로 공자께서는 천자로부터 서인에 이르기까지의
모든 사람을 통틀어 경계하여 위의 쓴 말을 결론지었다.

　이와같이 하고서도 화가 미치지 않는 것이 아직 있지 않다는 것은 그
런 이치가 전혀 없다고 강조한 것이니, 배우는 자는 조심하여 외우고
삼가하여 행하지 않을 수 있을까.” 하였다.

○ 上은 經一章이라.

◉ 위는 경 일 장이다.

〔註〕 按朱子가 曰 此一節은 夫子曾子의 問答之言이어늘　而曾氏門
人之所記也라. 疑所謂孝經者는 其本文이 止如此요, 其下則或者雜
引傳記하여 以擇經文하니 乃孝經之傳也라. 竊嘗考之컨대 傳文은 固
多傳會하고 而經文은 亦不免有離析增加之失하니 顧自漢以來로　諸
儒傳誦이 莫覺其非하여 至或以爲孔子之所自著하니 則又可笑之尤者
라. 蓋經之首에 統論孝之終始하고 中乃敷陳天子諸侯卿大夫士庶人
之孝하고 而其末에 結之曰 故로 自天子以下로 至於庶人이　孝無終
始요, 而患不及者가 未之有也라 하시니 其首尾相應하고　次第相承
하여 文勢連屬하고 脈絡通貫하여 同是一時之言이니　無可疑者어늘
而後人이 以爲六七章하여 今文은 作六章하고 古文은　作七章하고
又曾子曰 及引詩書之文하여 以雜乎其間하여 使其文意로　分斷間隔
하여 而讀者를 不復得見聖言全體大義하니 爲害는 不細라. 故로 今
定此六七章者하여 合爲一章하고 而删去子曰 者二와 引書者一과 引
詩者四하니 凡六十一字라. 以復經之舊하고 其傳文之失은 又別論之

如左云이라.

【註釋】 살피건대 주자(朱子)는 말하기를, 「이 한 절(節)은 공자와 증자가 문답한 말로써 이것을 증자의 제자가 기록한 것이다.」고 하였으니, 생각컨대 이른바 '효경(孝經)'이란 그 본문이 이것 뿐이요, 이 아래에 있는 글은 어느 누가 잡되게 전기(傳記)를 인용하여 풀이해 놓고 「효경」이라고 하는지도 모를 일이다. 또한 생각하여 보면 전문(傳文)이란 모두 억지로 끌어다 붙인 것이 많고, 경문(經文)도 또한 잘라 내고 덧붙인 과실이 없지 않다.

  스스로 돌아보면 한(漢) 이래로 모든 선비들이 이것을 전하고 외워오면서도 그 잘못을 깨닫지 못하고 이것을 심지어는 공자 스스로 저술한 것이라고까지 하였으니 가소로운 일이 아닐 수 없다. 대개 경문의 첫머리에서는 효의 시작과 마침을 통틀어 논하고, 중간에 다시 천자와 제후·경대부·사·서인의 효를 넓게 개진(開陳)하고 그 끝은 결론으로, "이런 때문에 천자로부터 서인에 이르기까지 효의 시작과 끝이 없어서 환란이 미치지 않을 자가 없다."고 하니 그 첫머리와 말미(末尾)가 서로 응하고, 다음 차례로 이어받아서 문세(文勢)가 연속이 되고 맥락(脈絡)이 관통(貫通)하여져 모두 한꺼번에 한 말이란 것을 의심할 여지가 없다. 그런데 뒷사람(後人)들이 이것을 六장·七장으로 만들어 今文은 六장으로, 古文은 七장으로 씌어졌다.

  또한 증자(曾子)가 말하기를, "시경(詩經)과 서경(書經)에 있는 글을 끌어다가 그 사이에 섞어 넣어서 글 뜻이 분단되고 간격이 생기게 하여 독자(讀者)로 하여금 성현(聖賢)의 말씀 전체(全體)의 대의(大義)를 다시 보지 못하게 하여 놓았으니 해(害)가 됨이 적지 않다. 그러므로 이제 이 六·七장인 것을 합쳐 한 장(一章)으로 하고, 자왈(子曰)이란 두 글자와 「書經(서경)」에서 인용한 것 하나와, 「詩經(시경)」에서 인용한 네 글귀를 합쳐 무릇 六十一字를 깎아버렸다. 이로써 다시 옛 경서의 모습을 찾고, 그 전문(傳文)의 잘못된 것은 또 별도로 다음에서 이것과 같이 논하여 말하겠다.

傳之首章

傳之首章
(今文廣至德章第十三)

○子曰 君子之教以孝也는 非家至而日見之也라. 教以孝는
所以敬天下之爲人父者요 教以悌는 所以敬天下之爲人兄
者요 教以臣은 所以敬天下之爲人君者니 詩云 愷悌君子
여 民之父母라 하니 非至德이면 其孰能順民이 如此其大者
乎리오. (父者兄者君者下今文各有也字)

◉ 공자(孔子)께서 말씀하시기를, "군자(君子)가 효(孝)로써 사람을
가르치는 것은 집집마다 찾아가 날마다 그들을 만나 보는 것이 아니다.
　효도하라고 가르치는 것은 천하 사람들의 아버지를 공경하라고 가르
치는 것이요, 우애하라고 가르치는 것은 천하 사람들의 형을 공경하라
고 가르치는 것이며, 신하 노릇을 잘 하라고 가르치는 것은 천하 사람
들의 임금을 공경하라고 가르치는 것이니라.
　「시경(詩經)」에 이르기를, "개제(愷悌)한 군자(君子)여 백성들의 부
모로다." 하였으니, 지극한 덕(德)이 아니면 누가 능히 이와같이 위대
하게 백성들을 따르도록 할 수 있겠는가?"(「금문효경(今文孝經)」에는
父者·兄者·君者 다음에 '也'字가 있다.

〔註〕 夫子가 言하되 君子之教人以孝也는 非必家至而戶到하여 耳提

而面命之也라. 亦在施得其要而已니 必敎之以孝는 使凡爲子者로 皆
知盡事父之道면 即所以敬天下之爲人父者也요, 敎之以悌는 使凡爲
人弟者로 皆知盡事兄之道면 即所以敬天下之爲人兄者也요, 敎之以
臣은 使凡爲人臣者로 皆知盡事君之道면 即所以敬天下之爲人君者也
니 蓋致吾之敬者는 終有限하되 惟能使人으로 各自致其敬者는 斯無
窮也라. 又引泂酌之詩曰 君子가 有如此愷悌之德이면 民愛之이 如
父母라 하시니 蓋能以至德爲敎하여 順天下之心故로 其效는 如此其
大也니라.

【註釋】 공자(孔子)께서 말씀하시되, “군자가 효로써 사람을 가르치는
데는 반드시 집집이 찾아 다니며 그들을 만나서 말하는 것이 아니요,
다만 요점만 들어서 가르칠 뿐이니, 반드시 효로써 가르치는 것은 모
든 사람의 자식된 자로 하여금 모두 아버지 섬기는 도리를 다 알게 하
면, 곧 천하 사람들의 아버지인 자를 공경할 줄 알 것이기 때문이요,
우애로써 가르치는 것은 모든 사람의 아우된 자로 하여금 형을 섬기는
도리를 알게 하면, 곧 천하 사람들의 형(兄)된 자를 공경할 줄 알 것이
기 때문이요, 신하로써 가르치는 것은 모든 사람의 신하된 자로 하여
금 모두 임금 섬기는 도리를 다 알게 하면, 곧 천하 사람들의 임금된
자를 공경할 줄 알 것이기 때문이다.

　대개 내가 공경을 한다고 말하는 것은 마침내 한계가 있지만, 사람들
로 하여금 그 공경을 스스로 이르도록 하는 이것은 무궁한 것이다.

　또 공자께서는 「시경(詩經)」의 형작편(泂酌篇)을 인용하여 “군자가
이와같은 개제(愷悌)한 덕(德)이 있으면 백성들이 사랑하기를 부모와
같이 한다.”고 말씀하셨으니 이는 대개 지극한 덕으로 사람을 가르쳐서
천하 사람들의 마음을 따르게 하기 때문에 그 효과는 이와같이 큰 것이
다.

【語義】 ○君子之敎(군자지교) : 君子는 일반적으로 학식이 많고 덕망
이 높은 이를 이르는 말이나, 여기서의 군자는 옛 성왕(聖王)으로 선
왕(先王)을 가리킨다. 「孟子」의 진심장구상편(盡心章句上篇) 군자유

삼락장(君子有三樂章)에 "맹자께서 말씀하시기를,　군자에게는 세 가지 즐거움이 있는데, 천하의 왕노릇 하는 것은 거기에 들어 있지 않다. 부모가 다 생존하고, 형제들에게 연고가 없는 것이 첫째의 즐거움이다. 우러러 보아서 하늘에 부끄럽지 않고, 굽어 보아서 사람에게 부끄럽지 않는 것이 둘째의 즐거움이다. 천하의 뛰어난 인재를 얻어서 교육하는 것이 셋째의 즐거움이다. 군자에게는 세 가지 즐거움이 있으나, 천하에 왕노릇하는 것은 거기에 들어 있지 않다."(孟子曰　君子有三樂　而王天下 不與存焉 父母俱存 兄弟無故 一樂也. 仰不愧於天俯不 怍於人 二樂也.　得天下英才而教育之 三樂也.　君子有三樂 而王天下 不與存焉.')라고 한 데서 군자의 효심, 깨끗한 성품, 교육열을 갖춘 군자의 지덕(至德)을 보여 주고 있다. 또「禮記」의 제통편(祭統篇)에 "(하늘에 대한, 혹은 선조나 부모에 대한) 제사란 것은 특히 중대한 예로서,　제물에는 상당히 많은 물건들이 사용되고 있다.　제사는 공손한 마음과 지성스러운 제물로 지내는 것으로 정교(政敎)의 근본일 것이다.　그러므로 君子가 사람을 교도하는 데는 밖으로 임금과 장상(長上)을　존경할 것을 가르치고, 안으로는 부모에게 대한 효순(孝順)을 가르친다. 그 결과로서 명군(明君)이 위에 있으면 제신(諸臣)은 복종하고 임금이 종묘 사직을 공경하면 그 아들이나 손자들은 孝順해진다. 즉 위에서 도의를 지켜 이를 행하면 그것이 교육의 모범이 되는 것이다.　그러므로　君子가 임금을 섬기려면 반드시 내 몸으로 확인한 것을 사용하는　것이다. 즉 윗사람이 마땅치 않게 여기는 일은 부하나 후배에게 시키지 않고, 부하나 후배가 싫어하는 것은 이것으로 윗사람을 섬기지 않는다.　이러한 마음가짐으로 임금을 섬기는 것이다.　다시 말하면 타인의 언행을 비난 하면서 자기는 그러한 언행을 타인에게 하는 것은 교육의 도리에 위배 되는 것이다.　君子가 사람을 교도하려면 먼저 근본으로서 내 몸가짐을 바르게 하는 것으로, 그것은 孝順한 마음이 깊은 것이며 제례가 바로 이 마음의 표명(表明)일 것이다.　그러므로 '제사는 정교(政敎)의 근본 이다.'라고 말하는 것이다."라고 하였다. (夫祭之爲物大矣.　其興物備 矣 順以備者也 其敎之本與 是故 君子之敎也.　外則敎之以尊其君長 內則敎之以孝於其親 是故 明君在上 則諸臣服從 崇事宗廟社稷 則子

孫順孝 盡其道 端其義 而教生焉 是故 君子之事君也 必身行之 所不
安於上 則不以使下. 所惡於下 則不以事上 非諸人 行諸己 非教之道
也 是故 君子之教也 必由其本 順之至也祭其是與 故 曰 祭者教之本
也已.)

  ○非家至而日見之(비가지이일견지) : 집집마다 날마다 찾아다니며 만
나보고 가르침을 말하는 것은 아니다 라는 뜻. '家'는 家家로 '집집마
다' '한 집 한 집'의 뜻. '日'은 日日로 '날마다' '매일매일'의 뜻.「禮
記」의 향음주의편(鄕飮酒義篇)에 "백성은 어른을 높이고 노인을 봉양
할 줄 안 연후라야 능히 집안에 들어가 효제(孝弟)를 할 수 있다. 백성
이 집안에 들어서는 효제하고, 밖에 나와서는 어른을 존중하며, 노인
을 봉양한 뒤라야 교화가 이루어지고, 교화가 이루어진 뒤라야 나라가
편안하게 될 것이다. 君子가 말하는 바의 효(孝)란 집집마다 날마다
찾아다니며 만나 보고 가르침을 말하는 것은 아니다. 이는 모든 향사
(鄕射)와 합하여 향음주(鄕飮酒)의 예로 이를 가르침으로써 효제(孝
弟)의 행함이 성립되게 된다."라 했다. (民知尊長養老 而后乃能入孝弟
民入孝弟 出尊長養老而后成教 成教而后 國可安也. 君子之所謂孝者
非家至而日見之也 合諸鄕射 教之鄕飮酒之禮 而孝弟之行立矣.)

  ○愷悌君子 民之父母(개제군자 민지부모) : 백성을 즐겁고 편안하게
하는 군자(君子)는 백성의 부모이다. 또는 점잖으신 군자님은 백성들
의 부모시네. 로도 해석한다. 君子는 사람들을 바르게 이끄는 선도(善
道)를 익힌 덕(德)이 있는 고매한 사람으로, 孝弟를 잘 실천하는 사람
을 말한다.「禮記」의 표기편(表記篇)에 공자께서 이렇게 말씀하셨다.
"군자(君子)의 이른바 인(仁)이란 그 어려운 것인가.「시(詩)」에 말하
기를,「개제(凱弟→愷悌)한 군자는 백성의 부모라.」고 했다. 개(凱)는
굳센 것을 가지고 가르친다. 제(弟)는 기쁜 것을 가지고 편안케 한다.
즐거워 하여 거칠은 일이 없고, 예가 있어서 친(親)하고, 위엄이 있고
씩씩하여 편안하고, 효도하고 사랑해서 공경한다. 그리하여 백성으로
하여금 아버지의 높음이 있고, 어머니의 친함이 있게 한다. 그렇게 한
뒤에라야 가히 백성의 부모가 될 수 있다. 그러나 지극한 덕이(至德)
아니면 그 누가 능히 이렇게 할 수가 있겠는가 ?"라고 했다. (子言之 君

子之所謂仁者 其難乎 詩云 凱弟君子 民之父母 凱以強敎之　弟以說
安之 樂而毋荒 有禮而親 威莊而安 孝慈而敬 使民有父之尊　有母之
親 如此而后 可以爲民父母矣 非至德 其孰能如此乎.)

　　○至德(지덕)：효제(孝弟)를 근본으로 한 수덕(修德)을 말한다. 천
도(天道)에 순응(順應)하고 조민(兆民)을 사랑하여 제 자리에 있게 하
는 것은 君子나 天子가 至德이 있기 때문이다.

　　○順(순)：「古文孝經」에는 ‘訓’으로 되어 있다. ‘順’은 ‘따르다’로
새기는 데, ‘訓’은 ‘가르치다’로 새겨야 함으로 해석에 차이를 살펴 보
면 其孰能順民 如此其大者乎(누가 능히 이와같이 위대하게 백성들을
따르도록 할 수 있겠는가 ?)라고 해석되는 경우와 其孰能訓民 如此其
大者乎(누가 백성을 가르쳐 인도함이 이와같이 크겠는가 ?)라고　해석
되는 것은, 맥락은 같으나 받아 들이기에 따라서는 ‘어’ 다르고 ‘아’
다른 격이다.

◎ 上은 傳之首章이니 釋至德以順天下하다.

◉ 위는 전(傳)의 첫 장(章)이니 지덕(至德)으로써 천하를 따르게 함
을 해석하다.

〔註〕 傳去聲. 朱子曰 然이나 所論至德이 語意亦疎하니 如上章之失
云이라 하시니라. 上章은 今爲傳之一章하다.

【註釋】 傳은 去聲이다. 주자(朱子)는 말하기를, “그런데　지덕(至德)
을 논(論)한 바가 말 뜻이 또한 엉성하니 상장(上章)과 같이 잘못 말한
것이다.”하니라. 상장(上章)은 「今文孝經」 전(傳)의 첫 장(章)이다.

傳之二章

傳之二章
(今文廣要道章第十二)

○子曰 教民親愛는 莫善於孝요 教民禮順은 莫善於悌요 移
風易俗은 莫善於樂이오 安上治民은 莫善於禮니라.

◉ 공자께서 말씀하시기를, "백성에게 친애(親愛)를 가르치는 데는 효
도보다 좋은 것이 없고, 백성에게 예순(禮順)을 가르치는 데는 우애보
다 좋은 것이 없으며, 임금을 편안하게 하고 백성을 다스리는 데는 예
(禮)보다 좋은 것이 없느니라." 했다. (「古文孝經」에는 悌字가 弟로 되
어 있다.)

〔註〕 釋至德章하사 既言教民以孝悌之事하시고 至此章하여　又申言
之하사 而幷及乎禮樂하시니 孝는　所以愛其親也니　故로　欲教民以相
親相愛는 則莫有善於孝者矣요, 悌는　所以敬其長也니　故로　欲教民
以有禮而順은 則莫有善於悌者矣요, 得其和之謂樂이니　樂有鼓舞動
蕩之意하나니 故로　欲移改其風하며 變易其俗은 則莫有善於樂者矣오.
得其序之謂禮니 禮有上下尊卑之分하나니　故로　欲上安其君하며　下
治其民은 則莫有善於禮者矣니 此四者는　蓋舉其要而言하니　然이나
孝悌禮樂은　一本也라.　此經이　本以孝로　爲要道하고　而四者之中에
孝又爲要하니 孝於親이면　必悌於長하나니 孝悌之人心이　必和順하
니　和則樂也오.　順則禮也니 四者는　相因而舉則俱有矣니라.

【註釋】 지덕장(至德章)의 주석(註釋)에서 이미 백성들에게는 효제(孝悌)하는 일로 가르쳐야 한다고 말했고, 이 장(章)에 이르러 또한 거듭 말하여 아울러 예법과 풍류에까지 말하였다.

효(孝)란 소이 그 부모를 사랑하는 것이기 때문에, 서로 친하고 서로 사랑하는 것으로써 백성을 가르치려 한다면 효(孝)라는 것보다 좋은 것은 없다.

제(悌)란 소이 그 어른을 공경하는 것이기 때문에 예(禮)가 있게 따르는 것으로써, 백성을 가르치려 한다면 제(悌)라는 것보다 좋은 것은 없다.

화락(和樂) 할 수 있는 것이 풍류이니, 풍류야말로 사람의 마음을 고무(鼓舞)시켜 움직이는 큰 의의(意義)가 있기 때문에 그 풍습을 옮기어 고치고, 그 습속을 변화시켜 바꾸려면 풍류라는 것보다 좋은 것은 없다.

질서를 얻는 것을 예(禮)라 하니, 예(禮)에는 상(上)·하(下) 존(尊)·비(卑)의 구분이 있으므로 위로는 임금을 편안하게 하고, 아래로는 백성을 편안하게 하려면 예(禮)라는 것보다 좋은 것은 없는 것이다.

이 네 가지는 대개 그 요점만 거론(擧論)했다. 그러나 이 네 가지, 즉 효(孝)·제(悌)·예(禮)·악(樂)의 근본은 하나이다.

이「효경(孝經)」은 효(孝)로써 요도(要道)의 근본을 삼고, 이 네 가지 가운데 효(孝) 또한 중요하니 부모에게 효도하면 반드시 어른에게도 공경하는 것이다.

효도하고 공경하는 마음이 있는 사람은 반드시 화순(和順)하니, 화(和←和樂)는 곧 풍류요, 순(順←和順)은 곧 예(禮)이니, 이 네 가지는 서로 함께 연결되어 있는 근본 원인을 거론한 것이다.

【語義】 ○教民親愛(교민친애) : 국군(國君)이 백성들을 서로 친하고 서로 사랑하는 것을 부자유친(父子有親)에서 실행하는 효(孝)로서 이끌어 가르치는 것.

○孝(효) : 자기의 부모를 사랑하고 그 마음으로 남의 부모도 사랑하는 것이 효(孝)이다. 「論語」에 선진(先進)편을 보면 공자께서 말씀

하시기를, '효성스럽도다 민자건은 ! 부모 형제들이 그를 칭찬해도 다른 사람들이 이의를 제출하지 않도다.'(子曰 孝哉閔子騫 人不間於其父母昆弟之言.) 라고 하였다. 민자건은 어려서 친모(親母)를 잃고 계모(繼母) 밑에서 자랐다. 계모는 그를 몹시 학대했다. 어떤 추운 겨울날 아버지의 수레를 몰고 가던 자건이 고삐를 놓쳤다. 아버지가 그의 손을 잡아 보았더니 손이 얼어 있었다. 옷도 얇았다. 집으로 돌아와서 이복자식(異腹子息)들을 불러 보았더니 그들은 따뜻하게 입고 있었다. 아버지는 대노(大怒)하여 계모를 내쫓으려고 하자, 자건이 아버지를 만류하며 말했다. "어머님이 계시면 한 아들만이 홑것을 입으면 됩니다만 어머님이 나가시면 네 아들이 춥게 살아야 합니다." 라고. 그 후 계모도 뉘우쳐 자애(慈愛)스러운 어머니가 되었다고 했고, 「孟子」의 양혜왕장구(梁惠王章句) 上篇 제환진문장(齊桓晋文章)을 보면 "내 노인을 공경하여 그 마음을 남의 노인에까지 미쳐 가게 하고, 내 어린 것들을 사랑하여 그 마음을 남의 어린 것들에게까지 미쳐 가게 하면, 천하는 손바닥 위에서 움직일 수 있습니다." 시(詩)에 "큰 마누라를 올바로 대하고 형제에까지 그렇게 하여서 집안과 나라의 복을 누리는도다. 라 한 것은 이 마음을 가져다가 저들에게 쓸 따름임을 의미합니다. 그러므로 은혜를 널리 펴 나가면 넉넉히 온 세상을 편안하게 해줄 수 있고 은혜를 널리 펴 나가지 않으면 처자(妻子)조차도 편안하게 해줄 길이 없습니다." 라고 했다. (老吾老以及人之老 幼吾幼以及人之幼 天下可運於掌. 詩云 "刑于寡妻 至于兄弟 以御于家邦." 言舉斯心 加諸於彼而已 故 推恩足以保四海 不推恩無以保妻子.) 愛情(애정)으로 실행하는 효(孝)는 사람을 감동케 하고 나라를 다스리는 근본이 되는 것을 말해 준다.

○敎民禮順(교민예순) : 禮에는 상하존비(上下尊卑)의 구분이 있으므로 자연히 질서를 바로잡는 규범(規範)이 따른다. 그러므로 禮에 위배되면 사람 대접을 못받는다. 때문에 禮에 따른다는 것은 규범의 질서와 법칙에 순응(順應)하는 것을 말한다. 「論語」의 위정편(爲政篇)에 공자께서 말씀하시기를, '법으로 이끌고, 형벌로 다지면 백성들이 빠져 나가되, 염치를 안느낀다. 그러나 덕(德)으로 이끌고, 예(禮)로

써 다지면 염치를 느끼고 또한 착하게 된다.'라고 말씀하셨다. (子曰 '道之以政 齊之以刑 民免而無恥 道之以德 齊之以禮 有恥且格.') 또 맹의자가 효(孝)에 대하여 묻자, 공자께서 "어기지 말라."고 대답하셨다. 번지가 수레를 몰았다. 공자께서 그에게 말씀하셨다. "맹손이 나에게 효(孝)를 묻기에, 내가 어기지 말라고 대답했다." 이에 번지가 "무슨 뜻입니까?" 하고 묻자 공자께서 말씀하시기를, "부모가 살아계실 때는 예로써 섬기고, 죽어 장사지낼 때도 예로써 모시고, 제사도 예로써 지내야 한다."라고 하셨다. (孟懿子問孝 子曰 "無違" 樊遲御 子告之曰 "孟孫問孝於我 我對曰 無違" 樊遲曰 "何謂也" 子曰 "生事之以禮. 死葬之以禮 祭之以禮.") 곧 사람들이 양심을 어기지 않고 따르는 예순(禮順)을 가르치고 있다.

○悌(제) : 弟와 相通字이다. 제 兄을 공경하는 마음으로 다른 사람의 兄·長도 공경하는 것을 悌라 한다. 「論語」 학이편(學而篇)에 "사람됨이 효제(孝悌)로우면서 어른을 범(犯)하는 자는 드물다.(其爲人也 孝悌 而好犯上者鮮矣.)라 했고, 이어서 군자(君子)는 근본을 세우고자 애쓴다. 근본이 서면 나아갈 길이 생긴다. 효제(孝悌)는 바로 인(仁)을 이룩하는 근본이 된다."라고 했다.(君子務本 本立而道生 孝弟也者 其爲仁之本與!) 또 공자께서 말씀하시기를, "제자(弟子)는 들어와서는 효(孝)를 행하고, 나가서는 제(弟)를 행하라."(子曰 "弟子入則孝 出則弟.")라고 했다. 곧 효(孝)·제(弟)를 무엇보다 중요시 했음을 보여주는 것이다.

○移風易俗(이풍역속) : 유풍(遺風)과 습속(習俗)을 좋은 쪽으로 바꾸는 것이다. 註釋에서도 風·俗을 바꾸려면 樂보다 좋은 것은 없다고 말하여 樂의 이용을 말하고 있다. 「禮記」 악기편(樂記篇)에 "樂은 성인(聖人)이 좋아하는 것이고, 또한 이에 의해 민심을 선도(善導)할 수가 있다. 樂이 사람을 감화(感化)시키는 힘은 크며, 풍속(風俗)을 개화(改化)하는 효력이 있으므로 거기서 선왕은 樂에 관해서 교훈을 밝힌 것이다."(樂也者 聖人之所樂也. 而可以善民心 其感人深 其移風易俗 故 先王著其教焉.)라 하고, 또 "그러므로 정악(正樂)이 행하여져 인륜(人倫)이 깨끗해지며, 이것을 들으면 사람의 이목(耳目)이 총명

(聰明)하여져서 혈기(血氣)가 화평(和平)해진다. 유풍(遺風)과 습속 (習俗)이 바뀌고 변하여 음풍(淫風)과 악습(惡習)이 사라지면 천하가 다 편안해진다."고 했다. (故樂行而倫淸, 耳目聰明, 血氣和平 移風易 俗 天下皆寧.) 그렇기 때문에 깨끗하고 아름다운 풍속으로 이끌어 가 기 위해서는 바른 樂이 요구됨을 말하고 있다.

○禮(예) : 禮는 삼가 조심하여 공경하는 것이다. 「論語」팔일편 (八 佾篇)에 공자께서 대묘에 들어가 제사지낼 때 일일이 물으셨다. 어떤 사람이 "누가 저런 추인(聚人)의 아들을 예(禮)를 안다고 했느냐? 대 묘(大廟)에 들어가 일일이 묻더라."고 했다. 공자께서 이 말을 들으시 고 말씀하셨다. "그게 바로 예(禮)이니라."(子入大廟 每事問 或曰"孰 謂聚人之子 知禮乎? 入大廟每事問" 子聞之曰 "是禮也") 공경하는 마 음으로 조심하고 삼가하는 것을 공자께서 실행으로 보여주는 것이다. 또 공자께서 말씀하시기를, "임금을 섬기는 데 예를 다하는 것을 남들 은 아첨이라 하는구나."라고 하셨다. (子曰"事君盡禮 人以爲諂也.") 君 主에게 禮를 다하는 것은 敬을 바탕으로 한 행동미(行動美)인 것이다. 결코 강압이나 무력(武力)에 의한 복종이 아니고, 禮順하는 人間美의 승리이다.

공자께서 禮에 대해서 하신 말씀은 「論語」에 많이 나온다. 禮는 敬 으로써 실행하고, 敬은 그 근본이 孝弟임을 일관하고 있다.

○禮者는 敬而已矣라. 故로 敬其父하면 則子悅하고 敬其兄하 면 則弟悅하고 敬其君하면 則臣悅하나니 敬一人이 而千萬 人이 悅이라 所敬者 寡요 而悅者 衆此之謂要道니라. (道下今文有也字)

◉ 예(禮)란 것은 공경할 따름이다. 그러므로 그 아버지를 공경하면 자 식이 기뻐하고, 그 형을 공경하면 아우가 기뻐하며, 그 임금을 공경하 면 신하가 기뻐하게 되나니라. 이와같이 한 사람의 아버지를 공경함으 로서 천만(千萬) 사람이 기뻐하게 되고, 공경하는 자는 적어도 기뻐하

는 자는 많게 되니, 이것이 이른바 요도(要道)이니라. (「금문효경(今文
孝經)」에는 '道'字 아래에 '也'字가 있다.)

〔註〕 上文에 兼言孝弟禮樂四者하시고 至此하여　又獨歸重於禮하시
고 至於言禮하여는 則又以敬爲主라. 蓋父母於子에　一體而分하여 愛
는 易能이오 而敬은 難盡이라.　故로 經에 雖以愛敬兼言이나 而此獨
言敬하여 而以禮爲重者는 蓋其所以有序而和者오 未有不本於敬而能
之也라.　故로 又極推廣敬之功用하시니 蓋此心之敬이 隨寓而見 以此
之敬으로 而敬人之父면 則凡爲之子者는 莫不悅矣오.　以此之敬으로
而敬人之兄이면 則凡爲弟者는 莫不悅矣오.　以此之敬으로 而敬人之
君이면 則凡爲臣者 莫不悅矣리니라.　彼爲人子爲人弟爲人臣者가 本
皆有敬父敬兄敬君之心이어늘 而吾가 先有以敬之면 則深得其歡心矣
니 此之敬이 加於一人이면 而彼則千萬人이 悅하여 所敬者는　寡오.
而悅者는 衆하며 所守者는 約이오.　而施者는 博하니 此之謂要道也
라.　所以結一章之旨하시니라.

【註釋】 윗 글에서 (공자께서는) 효(孝)·제(弟)·예(禮)·악(樂)의 네
가지 것을 겸하여 말씀하시고, 여기에 이르러 또 유독 예(禮)에　중점
을 두시고, 예(禮)를 말하는 데 이르면 또한 공경하는 것으로써　주장
을 삼았다.
　대개 부모와 자식은 한 몸에서 갈라졌기에 사랑하기는 쉬울 수 있으
나, 공경을 다 하기란 어렵다. 때문에 이 경문(經文)에 비록 사랑과 공
경을 겸하여 말하였지만 이에 유독 이 공경을 말한 것은 이로써 예(禮)
가 중(重)한 것이라고 한 것이다.
　대개 그것은 소이 질서가 있어서 화락(和樂)한 것이다.　공경(敬)에
근본하지 않으면 예(禮)는 있을 수 없는 것이다.
　그러므로 (공자께서는) 또한 공경의 이용을 넓혀서 끝까지 밀어붙였
다.
　대개 이런 마음의 공경은 따라함이 나타나니, 이러한 공경으로써 남
의 아버지를 공경하면 대개 그 자식된 자는 기뻐하지 않는　이가　없는

것이요, 이러한 공경으로써 남의 형을 공경하면 대개 그 아우된 자는 기뻐하지 않는 이가 없는 것이요, 이러한 공경으로 남의 임금을 공경하면 그 신하된 자는 기뻐하지 않는 이가 없느니라.

이것은 남의 자식 되고, 남의 아우 되고, 남의 신하된 자가 본래부터 제 아버지를 공경하고, 제 형을 공경하고, 제 임금을 공경하는 마음이 다 있거늘, 이에 내가 먼저 써 그들을 공경함이 있으면 그 환심(歡心)을 얻을 것이니, 이러한 공경이 한 사람에게만 더해도 저들은 곧 천만(千萬) 사람이 기뻐하는 바, 공경하는 사람은 적어도 기뻐하는 자는 많은 바이며, 지키는 자는 얼마되지 않아도 실시하는 사람은 폭넓으니 이것을 요도(要道)라 하는 것이다. 소이 한 장(章)의 결론 요지이니라.

○上은 傳之二章이니 釋要道하다.

◉ 위는 전문(傳文)의 둘째 장(章)이니 요도(要道)를 해석한 것이다.

【註】朱子曰 但經所謂要道는 當自己而推之與요, 此亦不同也라.

【註釋】주자(朱子)가 말하기를, "다만 경문(經文)에서는 요도(要道)란 마땅히 자기 자신을 미루어 행하는 것이라고 말한 것이니, 이 역시 같지 않은 것이다."

傳之三章

傳之三章
(今文三才章第七)

○曾子曰 甚哉라 孝之大也여. 子曰 夫孝는 天之經이며 地之義며 民之行이니 天地之經을 而民이 是則之하나니 則天之明하며 因地之義하여 以順天下라. 是以로 其敎이 不肅而成하며 其政이 不嚴而治하나니라. (夫音扶, 行去聲, 之經之義之行下, 今文各有也字. 因地之義今文作之利)

◉ 증자(曾子)가 (감격하여) 말하기를, "위대한 것이로구나！ 효(孝)가 그토록 큰 것입니까." 했다.

공자(孔子)께서 말씀하기를, "대저 효란 하늘의 불변의 법칙이며, 땅의 바른 도의이며 백성의 행실이니, 하늘과 땅의 법을 백성들이 본받아야 하는 것이니 법은 하늘의 밝음을 따르고, 땅의 바른 의로움으로써 인(因)하여 천하(天下←百姓)를 따르게 하는지라.

이로써 그 가르침이 엄숙하지 않아도 이루어지며, 그 정사(政事)가 지엄(至嚴)하지 않아도 다스려 지느니라. (夫는 音이 '부'이다. '行'은 去聲이다. 「금문효경(今文孝經)」에는 之經, 之義, 之行의 아래에 각각 '也'字가 있다. 또 「금문효경(今文孝經)」에는 '因地之義'의 '之義'가 '之利'로 쓰여 있다.)

〔註〕 天以陽으로 生物하니 父道也요, 地以順으로 承天하니 母道也
天以生覆로 爲常故로 曰 經이오. 地以承順으로 爲宜故로 曰 義라.
人이 生天地之間하여 禀天地之性하니 如子之肖像父母也라. 得天之
性하여 而爲慈愛하고 得地之性하여 而爲恭順하나니 慈愛恭順은 即
所以爲孝라. 故로 孝者는 天地經이며 地之義며 而人之行也니 孝는
本天地之常經하여 而人이 於是取則焉이라. 則者는 法也라. 天地之
經은 常久而不變하니 人之取則於天地로 亦常久而不易하나니 其於
衆人之中에 又有聖人者이 出하사 法天地之明하며 因地道之義하여
以此로 順天下愛親敬長之心하여 而治之하시니 是以로 其爲教也는
不待戒肅而自成하며 其爲政也는 不假威嚴而自治하니 無他라. 孝者
는 天性之自然이오. 人心所固有니 是以로 政教之速化 如此하니라.

【註釋】 하늘은 양(陽)으로써 만물을 생장시키나니 아버지의 도(道)요,
땅은 순(順)으로써 하늘을 받드니 어머니의 도(道)라. 하늘은 만물을
덮어 기르는 것으로써 떳떳하기 때문에 법이라 하고, 땅은 승순(承順)
하는 것을 정상으로 하는 때문에 이를 옳은 것(義)이라 한다.
  사람이 이와같이 하늘과 땅 사이에 나서 천지의 성품을 받고 태어났
으니 자식은 부모의 초상(肖像)과 같은 것이다. 그렇기 때문에 사람은
하늘의 성품을 받아서 자애로운 마음을 갖게 되고 땅의 성품을 받아서
공순한 마음을 가지게 된다 하나니, 자애와 공순은 곧 효도가 되는 것
이다. 그러므로 효도란 하늘의 법이며, 땅의 의로운 것이며, 사람의 행
실이라고 한 것이다.
  효도는 또 하늘과 땅의 변하지 않는 원리로 근본을 한 것으로서, 이
것을 사람이 취하여서 행동에 옮기는 것이다. 칙(則)은 법(法)이라. 하
늘과 땅의 법은 언제나 오래되어도 변하여지지 않는 것이다.
  이것을 사람이 본받아 행하면 또한 하늘과 땅과 함께 아무리 오래되
어도 바뀌지 않는다. 그러나 이러한 많은 사람들 가운데서 성인(聖人)
이 나와서 하늘의 도의 밝은 것을 본받고, 땅의 도의 올바른 것으로 인
하여 천하 사람들의 부모를 사랑하고 어른을 공경하는 마음을 따르게
하여서 다스렸다.

　이로써 그들을 교육하는 것은 엄숙하게 경계하여 대하지 않아도 저절로 이루어졌으며, 그 정치하는 것은 지엄한 위엄을 빌리지 않아도 저절로 다스려지니 이는 다른 것이 없고 효도라는 천성이 자연스러운 것이요, 사람의 마음에 본래부터 가지고 있는 것이니, 이런 까닭으로 정치와 교육이 이와같이 신속하게 이루어질 수 있는 것이다.

【語義】 ○天之經(천지경) :「説文」에 보면 '經'은 織從絲也로, 直線(날줄)을 의미하고 있다.

　여기서 轉意되어 東西는 經, 南北을 緯라고 말하는데, 베를 짤 때는 날줄의 실이 軸으로 고정됨을 비유하여 '법칙'이다, '도리(道理)'이다, '사리(事理)'다, '영구불변(常)'이다와 같은 올바른 이치(理)를 의미하는 말로 쓰이게 되고, '經'을 '법칙(法則)'으로 삼는 말이 되었다. 冊 중에서도 古典의 主軸을 이루는 '經'은 聖人이 지은 불변의 진리가 담겨진 書冊이란 의미로 '經書'라 하는 것이다.

　이에 비하여 賢人에 의해 지어진 書를 '傳'이라 하여 經書와 구분하고 詩·書·周·春秋·禮記의 五經은 聖人이 지은 治道의 법칙으로서 그 문헌의 권위를 지니고 있다. 그러므로 天之經은 하늘의 영구불변의 법칙을 말하는 것이다.

　○地之義(지지의) : 義는 '誼' 또는 '宜'와 통한다.「古文孝經」에는 '義'가 '誼'로 되어 있다.「論語」里仁篇에 "君子喩於義, 小人喩於利"에서 '義'는 天理正路를 뜻하는 것이다.

　그러므로 地之義는 天之經과 호응하는 말로, 우주자연의 질서라는 넓은 의미를 지니고 있음으로 여기서는 '불변의 질서'로 해석한 것이다.

　○民之行(민지행) : 行은「説文」에 "人之步趨也"로 되어 있다. 두 발을 서로 교차하여 전진함을 뜻한다. 움직이어 나아가는 데서 행위가 발생하므로 여기서는 사람의 행위 가운데 '孝行'을 말한 것이다.「禮記」의 曲禮上篇에 "수신(修身)하고 말을 실천하는 것을 선행(善行)이라 한다. 행동을 바르게 하고, 말을 도리에 맞게 함이 예의 본질이다.(修身踐言 謂之善行 行修言道 禮之質也)라 하였다. 사람의 義와 禮로 行하면 善行이 되고 善行 중에서도 孝는 근본이 되는 것이며, 사람의

행위 중에 孝보다 좋은 것은 없다.

○天地之經(천지지경) : 天之經과 地之義를 합친 말이 天地之經이다. 天地之經은 영구불변(常久不變)한 것이므로 영구히 바뀌지도 않는다.(常久不易) 성인(聖人)이 이것을 근본으로 삼은 것이 經이요, 이 經으로부터 우러나온 것이 孝의 道이다. 말을 바꾸어 보면 孝道는 天地之經이요, 天地之常道이다. 그러므로 백성을 이 법으로 다스리고 또 백성은 順應하여 孝道를 실행해야 하는 것이다.

○天之明(천지명) : 天은 至高無上이니 무한(一)이 큰(大) 것이 하늘이며, 사람(大) 위에는 하늘(一) 또는 하나(一)밖에 없는 것이 天이니 無二를 의미한다. 明은 해(日)와 달(月)의 '빛'이 '밝음'을 나타내는 字이므로 높이 있어 만물을 다 비추는 것을 뜻한다. 그러므로 '天之明'은 聖人에 의한 天地之經으로 法天地之明인 것이다. 그러기 때문에 愛親敬長하는 마음으로 順天下하는 것이다.

○因地之義(인지지의) : '義'가 「古文孝經」에는 '利'字로 되어 있다. '地'字의 「説文」 해설을 보면 "원기(元氣)가 처음 나뉘어질 때 가벼운 양기(易氣)는 위로 올라가 하늘이 되고, 무겁고 탁한 음기(仑氣)는 땅이 되었다."(元气初分, 輕天易爲天, 重濁仑爲地.)라고 설명되어 있다. 그러므로 天地 사이의 萬物은 天氣(陽)와 地氣(陰)의 相應으로 化生되어 자라는데 天時와 地義에 맞추어야 하는 것이다. 즉 봄에는 나고, 여름에 자라서, 가을에 결실하고, 겨울에 거두어 간직하고, 곡식을 심을 때는 건조하고 습기가 많고, 지대가 높고, 낮음에 적합하게 심어야 하는 것은 땅의 義에 順應해야 하는 것이다. 「禮記」 月令篇에 "하늘의 기운은 아래로 내려오고, 땅의 기운은 위로 올라간다. 하늘과 땅이 화동(和同)하여 초목이 맹동(萌動)하게 되면 왕이 명하여 농사를 선도한다."(天氣下降 地氣上騰 天地和同 草木萌動王命布農事.)라고 했다. 이와같이 聖王은 백성들을 天性과 地德으로 和順하게 이끌었다.

◎ 上은 傳之三章이니 蓋釋以順天下하다.

◉ 위는 傳文의 셋째 章이니 대개 孝를 근본으로 삼아 天下를 따르게 한다는 것을 풀어서 말하였다.

〔註〕 朱子曰 但自其章首 以至因地之義 皆是 春秋左氏傳所載　子太叔爲趙簡子 道子産之言 唯易禮字爲孝字 而文勢反不若彼之通貫　條目反不若彼之完備 明此襲彼非彼取此無疑也 子産曰 夫禮 天之經 地之義, 民之行也 天地之經 而民實則之則 天之明 因地之性其下 便陳天明地性之目 與其所以則之因之之實 然後 簡子贊之曰　甚哉禮之大也 首尾通貫 節目詳備 與此不同 其曰 先王敎之可以化民　又與上文不相屬 故 溫公 改敎爲孝 乃得粗通 而下文所謂 德義敬讓 禮樂好惡者 却不相應 疑亦裂取他書之成文 而强加裝綴 以爲孔子 曾子之問答 但未見其所出耳 然 其前叚文雖非是 而理猶可通 存之無害 至於後叚 則文旣可疑 而謂聖人見孝 可以化民 而後以身先之於理又已悖矣 况先之以博愛 亦非立愛惟親之序 若之何而能使民不遺其親邪　其所引詩亦不親切 今定先王見敎以下 凡六十九字並刪去.

【註釋】 주자(朱子)가 말하기를, 맨 첫 장(章)으로부터 이 땅의 올바른 것에 인한다는 데까지는 모두「춘추좌씨전(春秋左氏傳)」에 실려 있는 바이다. 이 글에 보면 자태숙(子太叔)이 조간자(趙簡子)를 위하여 자산(子産)의 말을 인용해서 말하기를 "오직 이례(易禮)라는 것이 효(孝)가 된다."고 하였다.

그러나 그 문세(文勢)는 도리어 저것만큼 통관(通貫)되지도 못하였고, 그 조목(條目)은 저것만큼 갖추어지지는 못하였다. 그러고 보면 이것이 저 글을 베낀 것이고, 저 글이 이것에서 취하지 않은 것이 분명한 것이다.

자산(子産)은 말하기를, "대저 예(禮)란 하늘의 떳떳한 것이며 땅의 의로운 것이며 백성의 행실이다. 이러한 천지(天地)의 떳떳한 것을 백성들로 하여금 실지로 본을 받는 것이니, 하늘의 밝은 것을 본받고 땅의 성품을 본받는 것이다." 이렇게 말을 한 다음에 그는 또 하늘의 밝은 것과 땅의 성품에 대한 조목과 그리고 또 그것을 본받고 배우는 실상을 자세하게 말하였다.

이것을 본 간자(簡子)가 칭찬을 하였다. '장하도다! 예(禮)의 큼이여!' 이것을 보면 그 글의 머리와 끝이 서로 통하고 조목이 갖추어져서 이 글과는 사뭇 다르다. 여기에 대하여 말을 하기를, '선왕(先王)의 가르침이 가히 백성을 감화시킬 수 있다.'고 한 것은 위에 있는 글과 서로 연결되지 않기 때문에 사마온공(司馬溫公)은 '敎'를 '孝'로 고쳐 가지고 비로소 문장이 소통되게 하였다.

또 아래 글에 있는 소이 덕의경양(德·義·敬·讓)과 예악호오(禮·樂·好·惡)와는 서로 문리가 통하지 않는다. 이는 다른 글(他書)에 있는 문구를 가져다가 억지로 글자를 보태놓고 이것을 공자와 증자가 서로 문답(問答)한 것이라고 해놓은 것이 아닌가 싶다.

그러나 이 글이 나온 출처를 알길이 없다. 그렇지만 그 앞의 글은 비록 문장은 잘 되어 있지 않아도 이치만은 잘 통하고 있으므로 그대로 두어 두는 것이 해로울 것이 없다고 하겠으나, 뒤의 글은 모든 것이 의문이 간다.

여기에서 성인(聖人)의 효야말로 가히 백성들을 감화시킬만한 것임을 본 뒤에 자기 몸으로 먼저 시행하였다.'고 하였으니 이는 이치에도 어긋나는 것이다.

더구나 박애(博愛)로써 먼저 하는 것은 또한 부모를 먼저 사랑하라는 차서를 세우지 못한 것이니, 이래서야 어떻게 백성들로 하여금 자기 부모를 버리지 않게 할 수가 있겠는가.

또한 여기에서 인용한 시경(詩經)의 말 역시 친절(親切)하지 못하므로 나는 예기에서 '선왕견교(先王見敎)' 이하 六十九字를 아울러 깎아버렸다.

傳之四章

傳之四章
(今文孝治章第八)

○子曰　昔者明王之以孝治天下也에　不敢遺小國之臣하시니
而況於公侯伯子男乎아.　故로　得萬國之歡心하여　以事其先
王하시며.

◉　공자(孔子)께서 말씀하시기를, "옛날에 명군(明君←明王)이　효로
써 천하를 다스림에, 감히 소국(小國)의 신하라도 잊지 아니하시니, 하
물며 공(公)·후(侯)·백(伯)·자(子)·남(男)에 있어서랴.

　　그러므로 만국(萬國)의 환심(歡心)을 얻음으로써 그 선왕(先王)을
섬기시며.

【註】昔者는 謂先代라.　明王은 明哲之君이라.　遺는 勿忘也라. 小國
之臣은 謂土地褊小하여 不能五十里하여 附於諸侯하니 曰 附庸이 是
也라.　夫子는 言昔者明哲之王이 以孝道로 而治理天下也에　推其愛
敬之心하사 至於附庸小國之臣도 尙不敢有所遺忘하시니 小國之臣도
且不敢遺는 而況於公侯伯子男大國之臣乎아.　以此之 故로 所以得天
下 萬國之歡心이니라.　天子이 建國에 公侯는 地方百里요, 伯은 七
十里요, 子男은 五十里니 五十里以下는 皆小國也 合大小之國하여
極言其多하니 故로 曰 萬國이라.　以萬國之衆으로　而皆得其歡悅之

心이면 則尊君親上이 洞然無間하여 人心이 和而王業이 固하고 社
稷이 靈長而宗廟尊安하리니 以此로 事奉其先王이면 則孝道至矣라.
孝道之至 如此어늘 而嗣世之君이 乃不皆然은 則以不明不誠故也라.
明是以有見하여 而知事理之必然하고 誠足以有行하여 而不忘於微賤
이면 則萬國이 歸心하여 先王이 世享矣라. 夫子는 所以首稱明王하
시고 而繼言其不敢하시니 蓋不敢之心은 則祗懼之誠也라. 即經에 言
하되 天子之孝는 不敢惡慢於人이 是也라.

【註釋】 昔者는 先代를 말하는 것이고, 明王은 明哲한 임금이다. 遺는
잊지 않는 것이다. 小國之臣은 (봉토(封土)의) 土地가 褊小하여 五
十里가 못되기 때문에 諸侯에 붙였으니 이것을 附庸이라 하는 것이다.
 공자(孔子)께서 말씀하시기를, "옛날에는 明哲한 임금이 孝道로써
천하를 다스렸는데, 그들을 사랑하고 공경하는 마음을 미루어 부용인
小國의 신하에 이르기까지 오히려 감히 잊지 않고 있으셨다.
 작은 나라의 신하도 또한 잊지 못하는데 하물며 공(公)·후(侯)·백
(伯)·자(子)·남(男)의 대국의 신하에 있어서랴. 이렇게 하였기 때문
에 소이 천하 만국(萬國)의 환심(懽心=歡心)을 얻게 되는 것이다.
 천자가 나라를 세울 때 공(公)·후(侯)에게 봉하는 땅은 사방이 百
里이고, 백(伯)은 七十里이고, 자(子)·남(男)은 五十里이니, 五十里
이하는 다 작은 나라이다. 이러한 크고 작은 나라들을 합치면 그 수가
아주 많기 때문에 만국(萬國)이라고 하는 것이다.
 이러한 만국의 백성들에게 모든 환심을 얻는다고 하면, 임금을 높이
고 어른을 친하게 하여 상하가 한덩어리가 되어 틈이 없어 사람들의 마
음은 화락하여진다.
 이렇게 하여 왕업(王業)은 굳건하여지고 사직이 튼튼하고 종묘(宗廟)
가 편안하여질 것이니, 이로써 그 선왕을 받들어 섬기면 효도가 지극
한 데 이르는 것이다. 효도가 이같이 지극하면 나라 다스리기가 편안
하거늘, 대를 잇는 임금들이 모두 이러한 마음이 아닌 것은 곧 밝지 못
하고 정성스럽지 않기 때문이다.
 밝고 옳은 것으로써 있는 그대로 보아 사리가 반드시 그런줄을 알고

넉넉한 정성으로써 행하는 것이 있으면 미천(微賤)한 사람까지도 잊지 않는다면 만국의 백성들 마음이 한데로 돌아와 선왕(先王)의 세상을 누릴 수 있을 것이다.

공자(孔子)께서는 소이 이 글의 첫 머리에서 명왕(明王)을 일컬으시고 계속하여 그 감히 못한다고 말씀하셨다.

이는 대개 감히 하지 못한다는 마음은 신을 두려워하는 정성이 있기 때문이다. 곧 경문에서 "천자의 효도는 감히 남을 미워하거나 업신여기지 않는다."라고 말한 것이 이것이다.

【語義】 ○明王(명왕) : 명철(明哲)한 임금, 성군(聖君), 성왕(聖王), 三代의 先王. 옛날 三代의 明王의 정치는 반드시 그 처자(妻子)를 공경해서 道가 있었습니다. 妻라는 것은 어버이의 주인이니, 감히 공경하지 않을 수 있겠습니까? 아들이라는 것은 어버이의 뒤이니 감히 공경하지 않을 수 있겠습니까? 君子는 공경하지 않는 것이 없는 법이니, 자기 몸을 공경하는 것을 크게 여겼습니다. 몸이라는 것은 어버이의 가지이니 감히 공경하지 않을 수 있겠습니까? 그 몸을 공경할 수 없다면 이는 그 어버이를 손상시키는 일이니, 그 어버이를 손상시키는 것은 그 근본을 손상시키는 일입니다. 그 근본을 손상시킨다면 가지는 따라서 죽게 되는 것입니다. 그러므로 이 세 가지는 백성의 본받을 바입니다. 몸으로써 몸에 미치고, 자식으로써 자식에게 미치며, 아내로써 아내에 미치는 것이니 임금께서 이 세 가지를 행한다면 곧 천하에 교화(敎化)가 퍼질 것입니다. 이것이 곧 대왕(大王)의 道이니, 만일 이와같이 한다면 국가가 잘 다스려질 것입니다. 라 하였다.(昔三代明王之政 心敬其妻子也有道 妻也者親之主也. 敢不敬與 子也者親之後也 敢不敬與 君子無不敬也. 敬身爲大 身也者親之枝也 敢不敬與 不能敬其身 是傷其親 傷其親 是傷其本也 傷其本 枝從而亡 三者 百姓之象也 身以及身 子以及子 妃以及妃 君行此三者 則愷乎天下矣 大王之道也 如此 則國家順矣 → 禮記 哀公問篇)

또 시(詩)에 이르기를, "밝으신 천자여! 아름다운 명성(名聲)이 끊이지 않네. 어지신 그 덕을 널리 펴시어 천하에 가득 차게 하셨네." 했으니 이는 大王의 德인 것이다.(詩云 明明天子 令聞不已 三代之德也 弛其文德 協此四國 大王之德也→禮記 仲尼閒居篇) 이와같이 明王이 되자면 효를 근본으로 삼아야 한다는 것이다.

○而況(이황): '況'字를 字典에서 찾아보면 二部에 나오는 '况'은 '하물며 황'으로 발어사(發語辭)이다. 氵部에 나오는 '況'은 '况'의 俗字라 했고, 冫部에 나오는 '况'은 비유할 황(譬也), 하물며 황(矧也), 불어날 황(益也) ……으로 況과 통한다고 했다. '而況'은 連詞로서 한층 더 나아감을 나타내고, 復句의 뒷부분 구문의 첫머리에 쓰이며, 乎, 哉 등과 배합하여 반문구를 구성하며 '하물며'라고 해석한다. 이것에 於가 붙으면 구문의 끝에 '乎'가 따라오게 되어 '비교 강조'를 나타내는 '반문구'를 구성하는 而況於……乎의 형식으로, '하물며 ~의 경우에는 더욱 그러하지 않겠는가?', '하물며 ~의 경우에랴?'로 해석한다. 대개 況乎, 況於……乎의 용법과 같다.

○萬國(만국): 모든 나라. 지구상에 있는 많은 나라. 여기서는 天子가 朝會를 받는 모든 제후국, 즉 封土가 사방 五十里가 넘는 公·侯·伯·子·男의 제후국과 五十里가 못되는 附庸國으로 大小國을 합친 天下邦國으로 天子의 다스림을 받는 臣下諸侯國을 말한다.

> ○治國者 不敢侮於鰥寡니 而況於士民乎아. 故로 得百姓之歡心하여 以事其先君하시며.

◉ 나라를 다스리는 자는 감히 홀아비와 과부도 업신여기지 아니하니, 하물며 사민(士民)의 경우에 있어서랴.

그러므로 백성들의 환심(歡心)을 얻어서 그 선군(先君)을 섬기시며.

〔註〕此는 言諸侯之孝라. 治는 諸侯가 治一國者也라. 老而無妻曰 鰥이오. 老而無夫曰 寡니 此二者는 則所謂天下窮民과 與夫疲癃殘疾이 顚連無告 皆在矣라. 侮는 慢忽也라. 一命以上이 爲士요, 民은 則農工商賈也라. 諸侯이 有卿大夫어늘 只言士民은 亦擧小而見大耳

라. 百姓은 或謂百官族姓하고 或謂民之族姓이니 然이나 以上文萬
國으로 例之컨대 當是官族大夫之家라. 先君은 始受命하여 爲國君
者也라. 自天子로 以孝治天下하고 而諸侯는 亦以孝治其國하며 推
其愛敬之心하여 以及於國人하나니 至於鰥寡之微도 亦不敢侮慢之온
而況於士民乎아. 以此之 故로 所以得百姓之歡心하니 百姓之心이
無不歡悅이면 則能和其民人하며 保其社稷矣리니 以此로 而事奉其
先君이면 豈非孝道之大者乎아. 此與經言諸侯之孝로 相發明하니 不
敢侮鰥寡는 即不驕不奢之極이오. 得百姓之歡心은 即長守富貴之本
也라.

【註釋】이 말은 제후(諸侯)의 효(孝)를 말한 것이다. 治는 제후가 한
나라를 다스리는 것이다. 아내가 없는 늙은이를 홀아비라 하고, 남편이
없는 늙은이를 과부라 하는 것이니, 이 둘은 이른바 천하에 궁한 백성
들인 동시에 파리하고 죽을 병이 들었어도 어디가서 말할 곳이 없는 사
람들이다. 侮는 교만하여 경홀히 여기는 것이다.

　임금의 명(命)을 받은 사람 이상은 선비(士)가 되는 것이요, 백성이
란 즉 농민, 장인, 상인이다.

　제후에게도 경대부(卿大夫)가 있거늘, 단지 선비(士)와 백성(民)만
을 말한 것은 또한 그 작은 것을 들어서 말을 한 것이다.

　백성이란 혹 백관(百官)의 족성(族姓)이라고 말하기도 하고, 혹은 백
성들의 족성이라고도 말하는 것인데, 윗글에 만국(萬國)이라 한 예(例)
로 봐서 마땅히 이는 관족(官族)과 대부(大夫)의 집을 말한 것이다.

　선군(先君)이란 처음 천자의 명(命)을 받아 국군(國君)이 된 사람이
다. 천자(天子)로부터 효(孝)로써 천하를 다스리고, 제후 또한 효(孝)
로써 그 나라를 다스려, 그 사랑하고 공경하는 마음을 미루어서 이것
을 온 나라 사람들에게 미치게 하는 것이니, 이러한 마음은 홀아비나
과부와 같은 미천한 사람들까지도 업신여기지 않거늘, 하물며 사민(士
民)에 있어서랴.

　이와같은 마음으로써 이같이 하기 때문에 백성들의 환심(歡心)을 얻
게 됨으로써 백성들의 마음이 기쁘지 않음이 없고 보면 이로써 능히 그

나라 사람들을 화락하게 할 수 있을 것이며, 그 사직(社稷)을 보존할
수 있을 것이다.

　이와같은 마음으로써 그 선군(先君)을 받들어 섬기면 이 어찌 효(孝)
의 큰 것이 아니겠는가.

　이와같은 경문의 말은 제후의 효(孝)로 서로 밝게 밝혀지며, 감히 홀
아비와 과부도 업신여기지 말라고 한 것은 곧 교만하지 않고 사치하지
않는 극치인 것이며, 백성들의 환심(歡心)을 얻는 것은 곧 길이 부귀
(富貴)를 누리는 근본인 것이다.

【語義】 ○治國(치국) : ‘治’는 제후가 한 나라를 다스리는 것이라 했다.
본래는 ‘다스려 바로 잡다’이며, ‘편안하게 하다’의 뜻이다. ‘國’은 영
토(一)와 국민(口)을 보호하기 위하여 무기(戈)를 들고 국경(囗)을 지
키는 글자이다. 「説文」에는 ‘邦也’로 해석하고 있다. 「孟子」 離婁章
句上篇에 “맹자(孟子)께서 말씀하시기를, ‘사람들이 늘 하는 말이 있
는데 다들 천하국가라고 한다. 천하의 근본은 나라에 있고, 나라의 근
본은 집에 있고, 집의 근본은 자신에 있다.”라고 하셨다.(孟子曰 人有
恒言 皆曰天下國家 天下之本在國 國之本在家 家之本在身.) 이 章에
서 말하는 ‘國’은 제후의 ‘國’이다.

　○鰥寡(환과) : ‘鰥’은 늙어서 아내가 없는 홀아비이고, ‘寡’는 늙어
서 남편이 없는 과부이다 라고 본서(本書) ‘注’에 나와 있다. 「孟子」
梁惠王章句下篇에 “늙고 아내 없는 것을 홀아비라고 하고, 늙고 남편
없는 것을 과부라고 하고, 늙어 자식없는 것을 외로운 사람(獨)이라 하
고, 어리고 아버지 없는 것을 고아(孤)라 합니다. 이 네 가지의 사람
들은 천하의 궁(窮)한 백성들로서 호소할 데 없는 사람들입니다. 문왕
은 정치에 착수하여 인정(仁政)을 베푸는 데는 반드시 이 네 가지의 사
람들을 먼저 돌보았던 것입니다.”라고 했다. (老而無妻曰鰥　老而無夫
曰寡 老而無子曰獨 幼而無父曰孤 此四者 天下之窮民而告者　文王發政
施仁 必先斯四者.)

　○士民(사민) : 四民(士・農・工・商)의 하나인 선비. 곧 道德, 學藝
를 배우는 사람. 士와 民으로 백성의 뜻. ‘士’는 「説文」에 ‘事也’로

설명하고 있다. 하나(一)를 들으면 열(十)을 아는 사람이 선비인데, 선
비는 능히 일을 맡으면 감당할 수 있으므로 ‘事也’라 訓한 것이다. 곧
‘士’는 四民의 위에서 위로는 大夫를 섬기고(事), 아래로는 庶人을 돌
보는 일(事)을 하는 周代의 하급 관리를 말한다. 民은 일반 백성으로
곧 四民이다.

　○先君(선군) : 天子로부터 처음 명을 받고 나라를 세운 임금이라고
本書 注에 설명되어 있고, 대개는 돌아가신 아버지나 君主에 대한 경
칭으로 先君, 先人, 先考라 한다. 「古文孝經」의 孔安國注에는 天子
의 先代를 말할 때는 先王이라 하고, 諸侯의 先代를 말할 때는 先君
이라고 하는데 모두 그들의 祖考를 밝히는 말이다.’라고 했다. (説天子
言先王 道諸侯言先君 明其祖考也.)

○治家者 不敢失於臣妾이니 而況於妻子乎아. 故로 得人之
歡心하여 以事其親하니라.

◉ 집안을 다스리는 자는 감히 신하와 첩(妾)에게도 잃지 아니하니, 하
물며 아내와 자식에 있어서랴. 그러므로 사람들의 환심(歡心)을 얻어
서 그 부모를 섬기는 것이다.

【註】 此는 言卿大夫之孝라. 治는 士庶人도 亦并擧矣라. 古者에 卿
은 置側室하고 大夫는 有貳宗하고 士는 有隷子弟하고　庶人商工은
各有分親하니 皆所謂臣妾也라. 臣妾은 賤而疎하고 妻子는　貴而親
하니 人之情이 常厚於親貴하고 而薄於疎賤이어늘　而昔之爲卿大夫
는 以孝治其家者이 推其愛敬之心하여 下及於臣妾하여　曾不敢少有
失於臣妾之心하니 彼疎賤者도 尚如此커든 而況於妻子親貴乎아. 則
不失其心을 可知矣라. 是以로 無貴無賤無親無疎히 皆得其人之歡心
하여 而有以事其父母矣니라.

【註釋】 이는 경대부(卿大夫)의 효(孝)를 말한 것이니, 사서인(士庶人)

을 다스리는 것도 또한 아울러 들었다.

　옛적에 경(卿)은 측실(側室)을 두었었고, 대부는 두 아내를 두었었고, 사(士)는 종자제(隷子弟)를 두었으며, 庶人과 장인(工人)과 상인(商人)은 각각 친함을 나눌 수 있는 것이니, 모두 이른바 신첩(臣妾)이다.

　신첩은 천하여 소원하고, 처자(妻子)는 귀하여 친하니 사람의 정(情)이 친근하고 귀한 데에 항상 후(厚)하고 소원하고 천한 데에 박(薄)한 것이다.

　옛날에 경대부는 효로써 집안을 다스려 그 사랑하고 공경하는 마음을 미루어 아래로는 신첩에까지 미쳐서, 일찍이 신첩의 마음에 작은 것에 있어서도 감히 잃어버리지 않았으니, 저 소원하고 천한 자들에게도 오히려 이와 같았거늘, 하물며 처자(妻子)와 같이 친근하고 귀한 데 있어서랴. 즉 그들의 마음을 잃지 아니함을 알만하다. 이로써 귀한 사람도 없고, 천한 사람도 없으며, 친한 사람도 없고 소원한 사람도 없이 모두 그 사람들의 환심(歡心)을 얻어서 이로써 그 부모를 섬길 수 있는 것이다.

【語義】 ○治家者(치가자) : 집안을 다스리는 사람. 治天下者는 天子이고, 治國者는 諸侯이며, 治家者는 卿·大夫를 가리킨다.

　○臣妾(신첩) : 여기서 ‘臣’은 남자 하인. 즉 家臣, 從者, 君을 섬기는 사람이다. 곧 卿·大夫의 家臣을 말한 것이다. 妾은 본래 ‘첩’, ‘소실’을 말하는 것이나, 여기서는 여자 하인으로 女僕을 가리키는 것이다. 「古文孝經」에는 臣妾 다음에 ‘之心’의 두 字가 있다. 여기서 臣妾이라 함은 집안의 賤한 사람을 말한다.

　○不失(불실) : ‘不’字가 「古文孝經」에는 ‘弗’로 되어 있다. ‘弗’은 ‘不’보다 강한 부정의 뜻을 나타내는 字이다. ‘不失’은 ‘잃지 않음’이다. 臣妾의 마음을 잃지 않는다 하는 것은 臣妾의 마음을 얻지 못하여 그들로부터 원망받는 일이 없음을 말한다.

　○妻子(처자) : 한 집안에서 사랑하고 敬畏함은 부모이고, 친근하고 사랑스러움은 妻子이다. 집안의 귀한 사람을 가리키는 것이다.「禮記」

의 哀公問篇에도 공자께서 하신 말씀으로 "아내는 종묘의 어버이를 제사 지낼 때에 주인이 되는 사람입니다. 어찌 공경하지 않을 수 있겠습니까. 자식은 어버이의 자손입니다. 어찌 공경하지 않을 수 있겠습니까."(妻也者親之主也. 敢不敬與. 子也者親之後也. 敢不敬與.)라 하여 아내와 자식의 귀함을 말해 주고 있다.

　○親(친) : '親'은 「説文」에 至也라 訓하였다. 나무(木)에 올라서서 (立) 서로 보면(見) 정의(情意)가 통하여 친숙하여짐을 나타낸 것이다. 情意가 간절하게 이른다(至)는 뜻에서 '至也'라 訓하였다. 사람의 정(情)이 가장 자주한 것은 부모의 情이므로 親이라 하는 것이다.

○夫然故_로 生則親_이 安之_{하고} 祭則鬼 享之_라. 是以_로 天下 和平_{하여} 灾害不生_{하며} 禍亂_이 不作_{하나니} 故_로 明王之以 孝治天下 如此_라. 詩云 有覺德行_을 四國順之_{라 하니라}.
(夫音扶 行去聲)

◉ 그러므로 살아서는 어버이를 편안히 모시고, 제사 지내면 귀신이 흠향하는지라. 이로써 천하가 화평하고 재해가 생기지 아니하며, 환란이 일어나지 아니한다. 그런 까닭에 명왕(明王)의 효로써 천하를 다스림이 이와 같은지라. 「시경(詩經)」에 말하기를, '그 덕행(德行)을 사방의 나라가 따른다.' 하니라. (夫의 音은 扶이고, 行은 去聲이다.)

〔註〕 此는 總結治天下國家三節이라. 夫然은 猶言唯其如此也요, 故는 猶言是以如此라. 生은 謂父母存時요, 祭는 謂没後奉祀라. 安者는 其心이 無憂요, 享者는 其魂이 來格이라. 人死曰鬼니 氣屈而歸也라. 天子와 諸侯와 卿大夫는 皆以孝로 治天下國家하여 而德人之歡心하여 以事其親하니 如此라. 故로 其生而存則親이 安之하고 没而祭之則鬼이 享之하니 由其心意之所安하여 所以魂氣之易感也라. 是以로 普天之下가 旣和且平하니 和則無乖戾之氣라. 故로 灾害는 不生하고 平則無悖逆之事라. 故로 禍亂이 不作이라. 灾害는　如水

旱疾疫이니 生於天者也요, 禍亂은 如賊君弑父니 作於人者也라. 孝
者는 天地經地之義而人之行也니 人人이 盡孝하면 則心和氣和而天
地之和이 應矣리라. 夫子이 遂總結之曰 故明王之以孝治天下이 如
此라 하시니 蓋由天子身率於上 諸侯以下는 化而行之하여 所以至此
하니 皆明王之力也라. 又引抑詩하여 以明之하시니 義取天子는 有
大德行則四方之國이 順而行之하니 以明明王以孝治天下라. 故로 諸
侯卿大夫가 皆以孝治其國家也니라.

【註釋】 이는 천하(天下)와 나라(國)와 집안(家)을 다스리는 세 가지의
절목을 총결(總結) 지었다. '夫然'은 '오직 그것은 이와 같다'라는 말
과 같은 것이다. '故'는 '이로써 이와같이'라고 말하는 것과 같은 것
이다. '生'은 '부모가 살아계실 때'를 말하고, '祭'는 '돌아가신 뒤에
제사 받드는 것'을 말한다. '安'은 그 '근심이 없는 마음'이요 '享'은
그 '혼(魂)이 오는 격'이다. 사람이 죽으면 鬼라 하고 기운이 屈하여
돌아가는 것이다.

  天子와 諸侯와 卿大夫는 모두 효로써 天下와 나라와 집안을 다스려
사람들의 환심(歡心)을 얻어서 이로써 그 어버이를 섬긴다.   이와같은
때문에 그 부모가 생존해 계실 때도 편안하고, 죽어서는 제사를 지내
면 귀신이 흠양을 하니, 그 마음에 뜻이 편안한 바로 말미암아 혼귀가
감동하기 쉬운 때문이다.

  이로써 천하가 이미 화락하고 또한 태평하니, 화락하면 어긋나는 기
운이 없어지므로 재해가 생기지 아니하고, 태평하면 사리에 거슬리는
일이 없으므로 화란(禍亂)이 일어나지 않는다.

  재해(災害)는 수해나 가뭄, 또는 역질(疫疾)과 같은 것이니, 천연으
로 발생하는 것이요, 화란(禍亂)은 임금을 해치는 적이나 아버지를 죽
이는 것과 같은 것이니 이는 사람에서 발생하는 것이다.

  孝는 하늘의 영구 불변의 법칙과 땅의 바른 의(義)와 사람의 행실이
니 사람마다 효를 다하면 마음이 화락하고 기운이 화순하여 天地의 화
기가 응할 것이다.

  공자(孔子)께서 드디어 총결(總結)지어 말씀하시기를, "그러므로 밝

은 임금은 효로써 천하를 다스리는 것이 이와 같다."고 하셨다.

대개 천자는 위에서 몸소 솔선함으로 말미암아 제후 이하는 감화되어 실행하는 것이 이에 이르기 때문에 모두 명철한 임금의 지도력이다.

공자께서는 「시경(詩經)」에 말을 인용하여 이로써 밝히시니, 천자는 의(義)를 취하여 큰 덕행(德行)이 있으면 사방의 나라가 따라서 행하는 것이니, 이를 밝히므로써 명왕(明王)이 효로써 천하를 다스리기 때문에 제후와 경대부가 모두 효로써 그 나라와 집안을 다스리는 것이다.」고 하였다.

【語義】 ○祭(제) : 사람이 조상神이나 천신(天神)에게 음식을 바치어 정성을 표하는 예절로, 사람과 神이 정신적 교류를 갖는 것을 말한다. 나라에서 지내는 제사를 존칭하여 제향(祭享)이라 한다. 부모나 조상이 돌아가신 날을 잊지 않고 생존시 못다한 효양(孝養)을 하기 위해 올리는 祭를 '忌祭(기제)'라 하고, 계절에 올리는 것을 '時祭(시제)' 또는 '時享(시향)'이라 한다. 명절이나 철에 올리는 것은 '節祀(절사)' 라 하고, 묘(墓)에서 받드는 祭를 '묘제(墓祭)' 또는 '時享(시향)' 이라 한다. 「禮記」 제통편(祭統篇)에 "제사란 부모가 살아 계실 때에 못다한 효양(孝養)을 돌아가신 후에 계속해서 해드리는 것이다."라고 했다. (祭者 所以追養繼孝也.)

○鬼享之(귀향지) : '鬼'는 '私'로 사람을 놀라게 하고, '神'은 '公'으로 사람에게 福을 주기도 하고 벌을 주기도 한다. 사람이 죽어 된 귀신은 魂神이다. 「禮記」 祭義篇에 "살아 있는 것은 반드시 죽으나 죽으면 또한 반드시 흙으로 돌아간다. 그것을 鬼라고 한다. 뼈와 살은 땅속에서 썩어 묻힌 채 야토(野土)가 되고, 氣는 하늘로 올라가서 밝게 비치는 神이 된다.(衆生必死 死必歸土, 此之謂鬼 骨肉 斃于下 陰爲野土 其氣發揚于上 爲照明)라고 했다. '享'은 '饗'과 같고, 神이 供物을 기꺼이 받는 것을 뜻한다.

○災害不生, 禍亂不作(재해불생, 화란부작) : '灾'는 '災'와 같은 뜻이다. '災害'는 수재(水災), 한재(旱災→饑饉), 역질(疫疾) 등 하늘로부터 내려오는 재앙이다. 그러므로 '不生'이라고 하고 謀反, 殺人,

亂離, 도적, 전쟁 등의 禍亂은 사람에 의해서 일어나는 재앙이므로 '不作'이라 했다. 災害不生 禍亂不作이라 하여 對를 이룬 것은 天人感應의 원리를 말해 주는 것이다.

○詩(시) :「시경(詩經)」. 여기에 나온 詩句는 大雅篇에 '抑'의 한 구절이다. "비길데 없이 착한 사람이면 온 세상이 그를 교훈으로 삼고, 덕행이 위대한 사람이면 온 나라들이 그를 따르네."(無競維人 四方其訓之 有覺德行 四國順之) 이 詩는 五十七行으로 그 중에 한 行을 인용하였다. 毛詩序에서는 召穆公이 周나라가 크게 어지러워졌음을 탄식한 作品이라 하였으나 달리 보는 견해가 있는 詩이다.

◎ 右는 傳之四章이니 釋民用和睦上下無怨하다.

⊙ 위는 傳文의 넷째장이니 백성들이 화목하게 되면 상하(上下)가 원망이 없음을 해석한 것이다.

〔註〕朱子曰 其言雖善 而亦非經文之正意 蓋經以孝而和 此以和而孝也 引詩 亦無甚失 且其下文語 已更端無所隔硋, 故 今且得仍舊耳 后不言合删改者倣此.

【註解】주자(朱子)가 말하기를, "그 말은 비록 착하지만 역시 경문(經文)의 정의(正意)만은 못하다.

대개 경문(經文)에서는 효도하면 화락하다고 하였고, 여기에서는 화락하여서 효도라 하였다.

또한 「시경(詩經)」을 인용한 것은 아주 실수되는 것이 없고, 또 그 아래에 문어(文語)도 모두 단정하여서 조금도 막힐 데가 없다. 그러므로 여기에서는 그 전에 있던대로 두어두고 다시 글자를 깎아내거나 고치지는 않았다.

傳之五章

傳之五章
(今文聖治章第九上一節)

> ○ 曾子曰 敢問聖人之德이 其無以加於孝乎잇가.
> (無字今文作何字)

◉ 증자(曾子)가 말하기를, "감히 여쭙니다. 성인(聖人)의　덕(德)이 효(孝) 보다 더한 것은 없습니까?"('無'字가 「금문효경」에는 '何'字로 씌어졌다.)

〔註〕曾子 旣聞明王이 以孝治하여 其極至之效 如此하여 於是에 又 推廣而言하시고 敢問天子聖人之所以爲治者는 固皆本於孝矣니 不知 聖人之所以爲德者는 果無以加於孝乎잇가. 抑亦有在於孝之上하여 可以致理成化는 過於此者乎잇가.

【註釋】증자는 이미 현명한 임금이 효로써 나라를 다스리면 그 지극한 효험이 이와 같다는 것을 들었다.

　이에 또 다시 미루어 넓혀서 말씀하시고, 감히 여쭙건대 "천자나 성인(聖人)이 소이 나라를 다스리는 것은 진실로 모두 효에 근본을 둔다 하니, 성인(聖人)의 덕(德)이라 하는 것은 소이 알지 못하니, 과연 이 효도보다 더 한 것은 없습니까? 또한 효(孝) 이것 보다 그 이상의 이치를 이루어 낼 수만 있으면 효보다 낫다고 하겠습니까 ?" 하였다.

【語義】 ○聖人之德(성인지덕) : 성치(聖治)의 이상적 실현자로서의 덕(德)으로 여기서는 孝를 至上의 德으로 본 것이다.　「白虎通」에서는 "聖者, 通也. 聞聲知情 故曰聖也"라 하고, 「説文」에도 通也라고 聖의 뜻을 말했다. 「風俗通」에도 "사람이 말하는(口) 소리를　듣고(耳) 情을 알며 어느 임무(壬)에도 無所不通한 사람이 곧 聖人이라　하여 "聖者, 聲也"라 하였다. 그러므로 지극한 덕에 이른 사람을 성인이라 하고, 여기서 말하는 성인의 덕은 효를 가리킨다. 「禮記」의 禮器篇에 "天道至教, 聖人至德(하늘은 최고의 교훈을 사람에게 가르쳤고, 성인은 최고의 덕성(德性)을 구비하고 있다.")고 하였다.

　○無(무) : 「古文孝經」孔安國이 傳한 것에는 '無'가 '亡(무)'로 되어 있고 無字 앞에 '其'字가 없다.

> ○子曰 天地之性에 人이 爲貴하니 人之行은 莫大於孝하고.
> 　(行去聲)

◉ 공자(孔子)께서 말씀하시기를, "하늘과 땅에서 받은 만물의 성품 중에서 사람이 가장 귀하고, 사람의 행실에 있어서는 효보다 더 큰 것이 없고.(行은 去聲이다.)

〖註〗 天以陽으로 生萬物하고 地以陰으로 成萬物하니 天地之生萬物者는 雖以陰陽之氣나 然이나 氣以成形하고 而理亦賦焉이라.　故로 夫子가 言人所禀受於天地之性은 則比萬物하면 爲最貴하여　以能與 天地로 參爲三才也라.　以天地之性으로 言之면 則人이 爲貴하고 以 人之行으로 言之면 則孝이 爲大하니 何也오.　人이 禀天地之性은 不過仁義禮智信五者而已니 專言仁은 又爲人心之全德하고 義禮智信이 皆包括於其中이라.　仁은 主於愛하고 愛는 莫先於愛親하니 故로 仁 之發見이 如水之流行하여 親親이 爲第一坎이오.　仁民이　爲第二坎

이오. 愛物이 爲第三坎하니 此는 人所行之일새 行莫大於孝也이거늘 人이 惟不知孝之大也하나니 是故로 大於自小하여 惟不知人之貴也하여 所以失於自賤하니 自賤則雖有人之形이나 無以遠於禽獸矣오. 自小則雖有聖賢之資라도 無以拔於凡庶矣니라. 此는 夫子가 答曾子之問이시니 必先之曰 天地之性에 人爲貴하니 人之行은 莫大於孝라 하시니 所以使人으로 知所自貴而先務其大者시니라. 董仲舒가 謂必知自貴於物而後에 可與爲善이라 하니 亦夫子之意也니라.

【註釋】 하늘은 양(陽)으로써 만물(萬物)을 낳고, 땅(地)은 음(陰)으로써 만물을 성장시킨다. 따라서 하늘과 땅이 만물을 낳고 성장시키는 것은 모두 양(陽)과 음(陰)의 기운으로 이루어지는 것이다.

그러나 이 기운은 물건·형상을 이루게 되고 성품까지도 부여하기 때문에 공자(孔子)께서는 말씀하시기를, "사람이 하늘과 땅의 성품을 받아 태어난 바 만물에 비하면 가장 귀한 것이 된다." 하셨고 "그렇기 때문에 하늘과 땅 그리고 사람을 합하여 셋을 삼재(三才)라고 한다." 고 하였다.

하늘과 땅의 성품을 가지고 말을 하면, 즉 사람이 가장 귀하고, 또 사람의 행실을 가지고 말을 하면 효도가 가장 크다. 이것은 무슨 말인가 ?

사람이 하늘과 땅의 성품을 받은 것은 인의예지신(仁·義·禮·智·信)의 다섯 가지 뿐인데, 이 중에서 오로지 인(仁)을 가지고 말을 한 것은 이 仁이라는 것이 사람의 마음에 온전한 덕(德)이고, 그 나머지가 되는 의예지신(義·禮·智·信)은 모두가 그 속에 들어 있기 때문에 그렇다.

인(仁)이란 사랑(愛)을 주(主)로 삼고, 그 사랑이란 부모를 사랑하는 것보다도 더 큰 것은 없다. 그렇기 때문에 이 仁이라는 것은 마치 물이 흘러 내리는 것과 같아서 부모를 친하게 하는 것이 제일이요, 백성들에게 어진 마음을 베푸는 것이 둘째가 되고, 만물을 사랑하는 것이 세 번째가 된다.

이는 사람의 모든 행실이 되는 것이며, 행실에는 효보다 더 큰 것은 없거늘 사람이 효가 크다는 것을 알지 못하니 이런 까닭에 스스로 작은 일에 빠져서 사람의 귀한 것을 알지 못하여 스스로 천하게 여겨 귀한 것을 잃는다.

이와같이 스스로 천하게 여기면 비록 사람으로서의 형용을 갖추었다 하여도 금수(禽獸)와 다를 것이 없고, 스스로 작게 여기면 비록 성현 (聖賢)으로서의 자질이 있다 하더라도 보통사람들의 무지 속에서 빼어 나지 못하게 된다.

이는 공자께서 증자의 질문에 답한 것이다. 공자께서는 반드시 먼저 말씀하시기를, "천지의 성품 중에 사람이 가장 귀하니 사람의 행실에 효보다 더 큰 것은 없다."고 하였다.

이는 사람으로 하여금 스스로 귀하다는 것을 알고 그 큰 것에 힘을 쓰도록 하기 위함이다.

동중서(董仲舒)는 말하기를, "반드시 스스로가 다른 사물보다 귀하다는 것을 안 연후라야 착할 수가 있다."고 하였으니 역시 공자(孔子←夫子)의 뜻이다.

【語義】 ○天地之性(천지지성) : '性'은 人間이 生長하면서 가지는 心性을 말한다. 「説文」에는 '性'은 "人之易气性 善者也"라 하고, 孟子는 "人性之善也"라 하고, 董仲舒는 "性者生之質也"라 하였다. 孔安國의 傳에 "'性'은 生이다. 天地之性이란 하늘과 땅 사이에 生을 받고 있어 氣를 가지고 있는 것이다." 했다. 天地의 氣에 의해 生을 받고 있는 것, 즉 萬物을 말한다. 「禮記」 祭義篇에 "하늘에서 생긴 것, 땅이 기른 것, 그 중에서 사람만큼 소중한 것은 없다."고 하였다.(天之所生, 地之所養 無人爲.)

○孝는 莫大於嚴父하고 嚴父는 莫大於配天하니 則周公이 其人也시니라.

◉ 효(孝)는 아버지를 존경하는 것보다 더 큰 것이 없고, 아버지를 존

경하는데 있어서는 배천(配天)하는 것보다 더 큰 것이 없으니. (이것을 두루 갖춘 이는) 곧 주공(周公)이 그 사람이다.

〔註〕 此는 極言孝之大者라. 嚴은 尊敬也라. 配는 合也라. 周公은 文王之子요, 武王之弟요, 成王之叔父니 名은 旦이라. 食采於周하여 位居三公故로 稱周公이라. 人子之孝於親者는 無所不至로되 而莫大於尊敬其父요, 尊敬其父者는 亦無所不至로되 而莫大於配享上天하니 惟天이 爲大하여 尊無與對어늘 而能以已之父로 與之配享하니 所以尊敬其父者는 至矣極矣니 不可以復加矣로다. 然이나 仁人孝子는 愛親之心이 雖無窮이나 而立經陳紀制禮之節이 則有限이어늘 求其能盡孝之大하여 而嚴父以配天者는 則惟周公이 其人也시니라. 中庸에 曰 武王이 未受命이어시늘 周公이 成文武之德하사 追王大王王季하시고 上祀先公以天子之禮라 하니 制爲嚴父配天之禮者는 周公也故로 夫子는 稱之하시니라.

【註釋】 이는 효(孝)의 위대한 것을 극언(極言)하였다. 嚴은 존경하는 것이다. 配는 합치는 것이다. 周公은 文王의 아들이요, 武王의 아우요, 成王의 숙부(叔父)니 이름은 단(旦)이다. 周나라에 벼슬하여 삼공(三公)의 지위에 있었으므로 周公이라 일컬은 것이다.

사람의 자식으로서 어버이에게 효도를 하는 데는 지극하지 않은 것이 없고, 그 아버지를 존경하는 데는 이보다 더 큰 것은 없다. 그 아버지를 존경하는 사람은 역시 지극하지 않은 것이 없지만 하늘에 배향(配享)하는 것보다 더 큰 것이 없다. 오직 하늘만이 위대하여 존경을 함께 할 對가 없는데 능히 자기의 아버지로써 함께 배향(配享)하니, 이는 그 아버지를 존경하는 것이 지극하고 극진하여 가히 다시 더할 것이 없다.

그러나 어진 사람과 효자가 어버이를 사랑하는 마음이 비록 무궁하나, 그 제례(制禮)의 절(節)은 상법(常法)이 있고 기강이 서 있어 한계가 있는데, 그 능히 효의 큰 것을 구해서 배천(配天)함으로써 아버지를 존경한 사람은 오직 주공(周公) 그 사람뿐이다.

중용(中庸)에 이르기를, "武王이 아직 天子가 되기 전에 주공이 文

武의 德을 이루어 대왕(大王)과 왕계(王季)를 추숭(追崇)하여 임금으로 삼고 위로는 선공(先公)을 천자의 禮로써 제사지내었다.”고 하였으니, 그 아버지를 배천(配天)의 제례(制禮)로 존경한 사람은 주공뿐이므로 공자(孔子)께서는 그를 칭찬한 것이다.

【語義】 ○嚴父(엄부) :「説文」에 ‘嚴’은 教令急也라 하여 ‘위엄스러움’을 나타내고, ‘父’는 巨(矩)也라 하여 ‘家長率教者’라 하였다. 즉 家長으로서 엄한 규율로 한 집안을 다스리고 가르치며 이끌어가는 사람을 ‘엄부’라 하는 것이다. 「古文孝經」孔安國의 傳에 “嚴”은 ‘尊也’라 하여 孝의 道는 그 아버지를 尊嚴하는 것보다 더 큰 것은 없다’고 하였다. 주공은 配天祭를 올림으로써 그의 부에게 尊嚴을 한 것이다.

「孟子」萬章章句上에 “효자의 지극한 도리로서는 어버이를 높이는 것보다 더한 것이 없고, 어버이를 높이는 것의 지극한 것으로는 천하를 가지고 봉양하는 것보다 더함이 없다. 천자의 부친이 되는 것은 높아지는 것의 지극한 것이고, 천하를 가지고 봉양하는 것은 봉양하는 것의 지극한 것이다.(孝子之至, 莫大乎尊親, 尊親之至 莫大乎以天下養, 爲天子父 尊之至也, 以天下養 養之至也.) 라고 했는데, 이렇게 한 사람은 舜임금이다.

○配天(배천) : 하늘과 짝을 이루다. 本書註에 ‘配’는 合也라 했고, 配天祭를 올린 사람은 ‘周公 그 사람이라’고 하였다.

시조(始祖)를 配天하여 제사지내는 습속(習俗)은 천자의 특권으로, 천자 이외의 사람은 그렇게 할 수 없었다. 그런데 오직 한 사람 周公이 配天祭를 올렸으므로 그 孝를 孔子는 칭찬하였다.

「禮記」喪服小記篇에 “王者는 먼저 그의 시조(始祖)가 나온 천제(天帝←神)를 제사지내고, 이어서 그의 시조(始祖)를 배사(配祀)하는데, 이것이 체(禘)라는 祭禮이다(王者禘其祖之所自出, 以其祖配之)라 하였고, 또 哀公問篇에서 哀公의 물음에 공자께서 대답하여 말씀하시기를, “어진 사람은 사물에 대하여 그르침이 없고, 효자는 사물에 대하여 그르침이 없습니다. 이런 까닭에 어진 사람의 어버이를 섬기는 것은 하늘을 섬기는 것과 같이 하고, 하늘을 섬기는 것은 어버이를 섬

기는 것과 같이 합니다. 이 까닭에 효자는 몸을 이루는 것입니다(仁人
不過乎物, 孝子不過乎物. 是故仁人之事親也 如事天, 事天 如事親.
是故孝子成身)라 하였으니 아버지의 德이 至高하여 하늘과 똑같이 아
버지를 섬기는 것은 사람의 숭고한 도리이다.

　○周公(주공) : 이름은 旦이고, 문왕의 아들이요, 무왕의 아우이며,
성왕의 숙부이다. 周公이 일찍이 文·武의 德을 닦아 형인 무왕(武王)
을 도와 殷의 포악한 紂王을 멸망시켰다. 후에 武王이 죽고 成王의 나
이가 어려서 6년을 섭정(攝政)했는데, 그 때 아버지 文王을 하늘에 配
祀했던 것이다. 「禮記」 明堂位篇에 "옛날 은(殷)나라의 주(紂)가　천
하를 어지럽히더니 귀후(鬼侯)를 죽여 포(脯) 떠서 이것을 제후의 향
연(饗宴)에 내놓아 먹게 하였기 때문에 周公이 武王을 도와 紂를 쳐서
武王이 천자가 되었다. 그런데 무왕이 붕(崩←천자의 죽음)하자 成王
이 너무 어렸기 때문에 周公이 천자의 위(位)에 앉아 천하를 다스렸다.
六년에 제후를 명당(明堂)에 모아 조회케 하여 예악(禮樂)을 제정하고
도량형(度量衡)의 기준을 공포해서 천하가 이를 따르게 하였다.　七년
에 정권을 成王에게 돌려주자, 王은 周公을 대공인(大功人)으로서 곡
부(曲阜)에 봉하였다. 여기는 七百里 평방의 토지로 兵車千乘의 나라
이다. 또한 成王은 魯公에게 명하여 자손 대대로 주공을　제사지내는
데 천자의 禮樂을 사용토록 했다. 그로 인해서 魯나라의 임금은 孟春
에 大路(←하늘에 제사지낼 때 사용하는 수레)에 타고 호독(孤韣)을
세우며 기(旗)에 열 두 유(旒 : 면류관 끈)를 드리우고 해와 달의 문장
(紋章)을 수놓았다. 이리하여 천제(天帝)를 교(郊)에서 제사지냈으며,
이 제사는(주나라 선조의) 후직(后稷)을 배신(配神)했으니 이는(주나
라의) 천자의 예(禮)와 같다.(昔殷紂亂天下 脯鬼侯以饗諸侯　是以周
公 相武王以伐紂 武王崩 成王幼弱 周公踐天子之位以治天下　六年朝
諸侯於明堂 制禮作樂 頒度量 而天下大服 七年致政於成王　成王以周
公 爲有勳勞於天下 是以封周公於曲阜 地方七百里 革車千乘　命魯公
世世祀周公以天子之禮樂 是以魯君 孟春乘大路 載弧韣　旗十有二旒
日月之章 祀帝于郊 配以后稷 天子之禮也.)

○昔者_에 周公_이 郊祀后稷_{하사} 以配天_{하시고} 宗祀文王於明堂_{하사} 以配上帝_{하시니} 是以_로 四海之內 各以其職_{으로} 來助祭_{하니} 夫聖人之德_이 又何以加於孝乎_{리오}.
(夫音扶 來下今文無助字)

◉ 옛적에 주공(周公)이 하늘과 땅에 후직(后稷 : 周王朝의 始祖) 을 제사지냄으로써 하늘에 짝하시고 문왕(文王)을 명당(明堂)에 제사함으로써 상제(上帝)와 짝하시니, 이러므로 사해(四海) 내에 모든 사람들은 각각 그 직책대로 와서 제(祭)를 도우니, 대저 성인(聖人)의 덕(德)이 어찌 이 효(孝)보다 더한 것이 있겠는가. (夫는 音이 扶이고, 「今文孝經」에는 '來'字 다음에 '助'字가 없다.)

〔註〕 郊祀는 祭天也니 祭天於南郊故로 曰 郊라. 后稷은 舜之臣이니 名은 棄라. 舜이 命爲稷하여 使敎民하여 播種百穀하고 始封於邰하여 爲諸侯하여 君其國故로 稱曰 后稷이라 하니 是爲周之始祖라. 文王은 大王之孫이요 王季之子요 武王之父시니 名은 昌이라. 明堂은 王者이 出政布治之堂이니 南面向明 故로 曰 明堂이라.   宗祀는 謂宗廟之祭也 天은 以形體로 言이오. 上帝는 以主宰로 言이라. 夫子 言昔者周公之制禮也에 郊祀祭天則以后稷配하시니 尊后稷을 猶天也오. 宗祀祭帝則以文王配하시니 尊文王을 猶帝也라.   周公之所以尊敬其祖父가 如此하시니 是以로 德敎는 刑于四海하니 四海之內에 爲諸侯者는 各以其職分의 所當然으로 皆來助祭하여 敬供郊廟之事하니 孝道之感人이 若是則夫聖人之德이 又有何者는 可以加於孝乎아. 夫子가 答曾子之問이 意已盡矣라. 下文에 復申言聖人敎人以孝之故라.

【註釋】 郊祀는 하늘에 제사지내는 것이니 남쪽의 들에 나아가서 하늘에 제사를 지냈기 때문에 '郊'라고 하였다.
   后稷은 舜임금의 신하이니 이름은 棄이다. 舜임금이 이 사람에게 命

하여 稷을 삼아서 그 나라의 임금 노릇을 하게 하였다. 그렇기 때문에 后稷이라고 일컬었으니 이 사람이 周나라의 始祖가 된다.

文王은 大王의 孫子요, 王季의 아들이요, 武王의 아버지가 되는데 이름은 昌이다. 明堂은 임금이 나와서 정사를 펴 다스리는 집이니, 남쪽을 대면하고 밝은 데를 向하였기 때문에 明堂이라 한다. 宗祀는 종묘(宗廟)의 제사를 말한 것이다.

하늘은 형체를 가지고 말하는 것이요, 上帝는 세상일을 주재(主宰)하는 것이다.

공자(孔子)께서 말씀하시기를, "옛적에 周公의 制禮에 하늘에 제사지내는 데는 后稷과 함께 하였으니, 이는 후직을 존경하기를 하늘과 같이 한 것이요, 종묘에서 上帝께 제사지내는 데는 文王과 같이 하였으니 이는 文王을 上帝와 같이 존경하였기 때문이다." 하셨다.

周公께서 그 할아버지와 아버지를 이와같이 존경하였다. 이 때문에 그 덕교(德敎)가 사해(四海)에 미쳤던 것이다.

이에 四海內에 諸侯된 사람이 각각 그 직분에 마땅한 데로 와서 도와 하늘에 제사지내고 종묘에 제사지내는 것을 받들어 섬겼다.

효(孝)가 사람을 감동시키는 것이 이와 같았으니, 대저 성인(聖人)의 덕이 또 어떠한 것이 있어서 이 효(孝)보다도 더 할 것이 있겠는가.

이와같이 공자(孔子)께서는 증자가 질문한 데에 대해 자기의 성의를 다하였다. 이는 이 下文에 성인(聖人)이 효(孝)로써 사람 가르치는 것을 다시 자세히 말하려는 때문이다.

【語義】 ○郊祀(교사) : 하늘과 땅에 지내는 제사. 옛날 임금이 冬至때는 남쪽 郊外에 나아가 하늘에 제사지내고, 夏至때는 북쪽 郊外에 나아가 땅에 제사를 올렸다. 郊祭, 郊社라고도 한다. '郊'란 宮城밖 五十里로부터 百里안에 있는 땅이다. 또 郊祀는 둥근 언덕을 쌓고 하늘에 제사 지냈으므로 '圓丘祭'라고도 한다.

○后稷(후직) : 周나라의 始祖. 武王의 十六代祖. 姓은 姬이며, 이름은 棄이다. 舜임금 때에 농사일을 관장하던 官職의 이름이며, 農師의 관리로서 백성들의 생활 안정에 힘썼다. 동시에 后稷은 農耕의 神

으로서 숭배된다. ‘后’는 君, ‘稷’은 五穀. 「시경(詩經)」大雅 生民
之什에 “姜嫄이 아기 낳아 기르셨으니 이분이 바로 后稷이시네.”(載生
載育 時維后稷) 하여 그를 노래하고 있다.

　○文王(문왕) : 周나라를 세운 武王의 아버지이며 周公의 아버지이
다. 武王이 천자가 되자 追王되었다. 姓은 姬이며 이름은 昌이다. 聖
德이 있어 西伯이라 불리었으며, 諸侯의 長으로서 殷末에 治世의 功
이 있었다.

　○明堂(명당) : 천자가 出政하여 정사를 펴 다스리는 집으로 諸侯를
朝會 받고 그 높고 낮은 序列을 밝히는 궁전이다. 또 明堂은 밝음을 向
하여 南面하고 東·西·南·北으로 연접된 四室이 있으며 上帝를 제사
지내기도 하는 宮이다. 흙을 돋우어 다른 宮보다 높게 지었다고 한다.

　○上帝(상제) : 하느님. 하늘에 있는 神. 천자만이 上帝에 祭를 올
리는 것인데, 농경시대에 上帝에게 천자가 복을 비는 祭를 올렸다. 上
帝란 五方의 上帝, 즉 東方의 蒼帝, 南方의 赤帝, 西方의 白帝, 北
方의 黑帝, 中央의 黃帝를 말한 것이다. 后稷은 配天이라 하고 文王
은 配上帝라 했는데, 上帝의 天의 異名임으로 그 實은 同一하다.

　○聖人之德(성인지덕) : 天道는 만물이 규범으로 삼아야 할 가르침
의 근본이며, 聖人은 그 가르침을 터득하여 道德을 완성한 사람이다
(天道至教 聖人至德)라고 앞에서 밝힌 바 있다.

○故로 親生之膝下하여 以養父母하되 日嚴하나니 聖人이 因
嚴以教敬하시며 因親以教愛하시니 聖人之教 不肅而成하며
其政이 不嚴而治는 其所因者 本也라. (養去聲)

◉ 그러므로 어버이의 슬하(膝下)에 태어나서 부모의 양육을 받음으로
써 날마다 존엄(尊嚴)하나니, 성인(聖人)은 이 존엄으로써 공경하는
것을 가르치시고, 친애의 정으로써 사랑하는 것을 가르치시니, 성인의
가르침이 엄숙하지 아니하여도 이루어지고 그 정사가 엄격하지 아니하
여도 다스려지니, 그것은 성인(聖人)이 근본으로 하는 바가 효(孝)에

있기 때문이다. (養은 去聲이다.)

〔註〕親은 父母也라. 膝下는 謂孩幼이 嬉戲於父母之膝下也라. 養은 奉養也라. 嚴은 尊嚴也라. 敬은 禮敬也라. 親은 親昵也라. 愛는 慈愛也라. 本은 謂天性也라. 聖人이 敎人以孝는 非強之使然이오. 乃順其自然이시니라. 蓋親生膝下하여 其初는 固惟知有親昵而已오. 未嘗知有所謂尊嚴之道나 然이나 一體而分하여 則自然有親愛不容已之情하니 天之性也요 雖曰親昵이나 而其尊卑는 已自有一定하여 不可易之序이 存焉하니 天之分也니 此는 蓋其本然之所固有니 而聖人立敎亦非強其所無而爲之라. 故로 曰 因嚴以敎敬하시며 因親以敎愛하시니 所以敎之愛敬者는 不過啓其良心하여 發其善性이오. 而非有所待乎外也라. 故로 其敎이 不待肅而自成하며 其政이 不待嚴而自治하나니라. 人子之生也에 三年然後에 免於父母之懷하나니, 長我育我하시며 顧我復我하시며 出入腹我하시니 骨肉之親이 無有密於此者하고 生養之恩이 無有大於此者하니 故로 曰 欲報之德인댄 昊天罔極이라. 하니라. 言父母恩德이 與天地並하니 雖盡孝道하여 欲以報之이나 亦復無有窮極하니 此는 皆人心固有之理라. 是以로 孩提之童이 無不知愛其親하나니 聖人이 復恐其狎恩特愛하여 而易失於不敬하여 於是에 因嚴敎敬하여 使愛로 而不至於褻하고 又因親敎愛하여 使敬으로 而不至於疎하시니 此는 聖人所以有功於人心天理하여 而扶植彝倫於不墜也시니라.

〔註釋〕親은 父母이다. 膝下는 어린아이가 부모의 무릎 아래서 노는 것을 말한 것이다. 養은 봉양이다. 嚴은 존엄이다. 敬은 禮로써 공경하는 것이다. 親은 아버지를 사랑하는 것이다. 愛는 慈愛이다. 本은 天性을 말한 것이다.

　성인(聖人)이 효(孝)로써 사람을 가르친다는 것은 억지로 시키는 것이 아니고 저절로 따르도록 하는 것이다. 대개 부모 슬하에 태어나서 그 처음에는 오직 아버지 사랑함을 알 뿐이요, 이른바 존엄하고 공경하는 도리가 있는 것은 알지 못한다. 그러나 한 몸에서 갈라져 자연히

그 어버이를 사랑하는 마음에 억제하지 못하는 바가 있는 것은 하늘의
성품이요(天之性←타고 나온 성품) 비록 어버이를 사랑하기는 하나 그
높고 낮은 것은 이미 스스로 하나같이 정해져 있어 바꿀 수가 없게 되
어 있는 것은 하늘의 분수이다.

　이는 대개 그 본연(本然)의 고유(固有)한 바이니 성인이 가르침을 세
우는 데도 역시 억지로 함이 없는 것이다.

　그러므로 말씀하시기를, "존엄으로써 공경함을 가르치고, 친애로써
사랑을 가르치는 것이니, 공경과 사랑을 가르치는 까닭은 그 양심을 깨
우쳐 그 착한 성품을 피어나게 할 뿐이요, 밖으로 딴 것에 기대하지 않
는 것이다. 그러므로 그 가르침은 엄숙하게 대하지 않고서도 스스로 이
루어지며, 그 정사는 엄격하게 대하지 않아도 스스로 다스려진다. 사람
의 자식으로 태어나서 三年이 된 뒤에 부모의 품을 벗어나는 것이니,
나를 키워주고 나를 길러 주시며 나를 돌보고 일깨워 주시며 나며 들며
나를 배부르게 하시니, 부모와 자식의 친함이 이것보다 더 친밀할 수가
없고, 낳아서 길러주신 은혜가 이보다도 더 큰 것은 없다. 그러므로 이
르기를, "그 은덕(恩德)을 갚으려 해도 하늘처럼 끝이 없다."고 하니라.

　부모의 은덕(恩德)을 말하자면 천지와 같이 비록 효도를 다하여 이
로써 그 은덕에 보답하려 해도 또한 끝이 없으니, 이는 모두 사람의 마
음에 본래부터 가지고 있던 성품인 것이다.

　이로써 갓난아이라도 그 어버이 사랑을 알지 못함이 없는 것이니, 성
인(聖人)은 다시 이것이 사랑하는 데만 흐르고 공경하지 않는 폐단이
생길 것을 걱정하여 여기에 엄한 것으로 인하여서 공경함을 가르쳐 사
랑으로 하여금 더러운데 이르지 않게 하고, 또 친함으로써 사랑하는 것
을 가르쳐 공경함으로 하여금 소원(疎遠)한데 이르지 않게 하시니, 이
는 성인(聖人)이 인심(人心)과 천리(天理)에 공(功)이 있는 까닭에 이
륜(彛倫)이 실추(失墜)되지 않게 붙들고 사람들의 마음에 심어 주는 것
이다.

【語義】 ○膝下(슬하) : 무릎 아래. 곧 어버이의 따뜻한 사랑 아래.　어
버이의 곁.「古文孝經」에는 '生之膝下'가 '生毓之'로 되어 있다. '毓'

은 '育'의 古字이다. 또 '故'字 앞에 '是'字가 있고, '日嚴'은 '曰嚴'
으로 되어 있다.

◎ 右는 傳之五章이니 釋孝德之本하다.

◉ 위는 傳文의 다섯째 章이니, 孝는 德의 근본임을 풀이한 것이다.

〔註〕 朱子曰 但嚴父配天本因論 武王周公之事 而贊美 其孝之詞非謂
凡爲孝者 皆欲如此也. 又況孝之所以爲大者 本自有親切處 而非此之
謂乎 若必如此 而後爲孝 則是使爲人臣子者 皆有今將之心 而反陷於
大不孝矣 作傳者 但見其論孝之大 即以附此 而不知其非 所以爲天下
之通訓 讀者詳之不以文害意焉可也 其曰故 親生之膝下　以下意却親
切 但與上文不屬 而與下章相近故　今文連下二章爲一章　但下章之首
語已更 端意亦重復 不當通爲一章 此語當依古文且附上章　或自別爲
一章可也.

【註釋】 주자(朱子)가 말하기를, "존엄한 아버지 공경하기를　하늘같이
하는 근본 원인을 논(論)하여 武王과 周公의 일을 찬미(贊美)하고 무
릇 효도하는 사람들이 다 이와같아야 한다는 것은 아니다. 더구나 효도
가 크다는 것은 스스로 친절한 곳이 있는 터이니 그것이　이를　이름이
아니겠는가. 그렇지 않고 만일에 반드시 꼭 이렇게 해야만 효도가 된다
고 하면 이는 남의 신하나 자식된 자로 하여금 모두 이것을　어렵게 생
각하여 도리어 큰 불효에 빠지게 될 것이다. 그런데 전문(傳文)을　쓴
사람은 다만 그 효도가 크다는 것만 보고 여기에 붙인 것이요,　이것이
천하의 공통된 교훈이 아니라는 것은 알지 못한 것이다. 그러므로 讀者
들이 이것을 상세하게 알아서 글로써 그 뜻을 해치지 말아야 할 것이다.
'故 親生之膝下' 이하의 글뜻이 친절하기는 하나 위의 글과는 잘 연결
되지를 않고, 아래 글과 오히려 서로 가깝기 때문에 「今文」은　아래의
두 章과 합쳐서 한 章을 이루었다.

　단지 아랫章 첫머리에는 말을 고쳐서 글의 뜻이 역시 중복되었으니, 이것을 합쳐서 한 章을 이룰 수 없기 때문에 이것은 역시 「古文」대로 윗 章에 붙이거나 별도로 한 章을 만들 만하다.

傳之六章

傳之六章
(聖治章下一節)

○子曰 父子之道는 天性이며 君臣之義라. 父母生之하시니 續莫大焉이요, 君親臨之하시니 厚莫重焉이로다. 不愛其親이요而愛他人者를 謂之悖德이요, 不敬其親이요, 而敬他人者를 謂之悖禮니라.(重焉下今文有故字, 天性下今文有也字.)

◉ 공자께서 말씀하시기를, "부자(父子)의 도리는 천성(天性)이요, 군신(君臣)의 의리이니라. 부모가 낳아주셨으니 대를 이음보다 더 큰 것이 없고, 임금과 부모로 임하시니 은혜 두터움이 이보다 더 중한 것이 없도다. 그 어버이를 사랑하지 않으면서 다른 사람을 사랑하는 것을 패덕(悖德)이라 하고, 그 어버이를 공경하지 않으면서 다른 사람을 공경하는 것을 패례(悖禮)라 하느니라." 하셨다. (「今文孝經」에는 重焉 아래에 '故'字가 있고, 天性 아래에 '也'字가 있다.)

〔註〕 此章은 雖引以子曰 字更端이나 終是承上章之意니라. 父子之道는 天性이니 謂親也요, 君臣之義는 謂嚴也라. 易에 曰 家人에 有嚴君焉이라 하니 父母之謂也라. 以父之親으로 言故로 曰續莫大焉이요, 以君之尊으로 言故로 曰厚莫重焉德은 主愛하니 亦是就親字説이요, 禮는 主敬하니 亦是就嚴字説이라. 此는 蓋就所因者이   本

也説이니 一本之意는 親親而仁民하고 仁也而愛物이 如水之一源하
여 而千條萬派이 皆此源之流요, 如木之一根하여 而千枝萬葉이 皆此
根之發이라. 孟子一本之説이 正謂是也시니라. 若昧一本之説이면 不
愛其親이요, 而愛他人者를 則謂之悖德이요, 不敬其親이요, 而敬他
人者를 則謂之悖禮라. 蓋由愛敬其親하여 而推以愛敬他人이면 則爲
順이요, 不愛敬其親이요, 而先以愛敬他人이면 則爲逆矣니라.

【註釋】 이 章은 비록 '공자께서 말씀하시기를' 하고 새로 말을 꺼내는
형식을 취했지만 결국은 앞 대문의 뜻을 이어받아 한 말이다. 父子의
도리는 하늘의 성품이니 親하다는 말이고, 君臣의 의리는 嚴하다는 말
이다. 「易經」에 이르기를, "집사람 중에 엄한 임금이 있다."했으니 이
것은 곧 父母를 말한 것이다.

  아버지로서의 親함으로써 말한 까닭으로는 대를 잇는 것이 가장 크
다고 했고, 임금으로서의 높음으로써 말한 까닭으로는 두터운 것이 가
장 중하다고 했으며, 德은 사랑을 주장하는 것이니 역시 '親'자에 대
한 말이고, 禮는 공경을 주장하는 것이니 역시 '嚴'자에 대한 말이다.
이는 대개 근본에 의거하여 말한 것으로 근본이라는 말이니, 한 근본이
라는 뜻은 부모를 친히 하여 백성을 인자하게 하고, 백성에게 인자하게
해서 사물을 사랑하는 것이 물의 한 근원과 같아서 한 가지 만 갈래가
모두 이 근원의 흐름이고 나무의 한 뿌리와 같아서 천 가지 만 잎이 모
두 이 뿌리에서 發한다는 것이다. 孟子의 一本説이 바로 이것을 말한
것이다. 만약 一本説에 어두우면 자기의 부모를 사랑하지 않고 남을
사랑하는 것을 悖德이라 말하고, 자기의 부모를 공경하지 않고 남을
사랑하는 것을 悖禮라고 말한다. 대개 자기의 부모를 사랑하고 공경하
는 마음으로 말미암아 이 마음을 추이 (推移)해서 남을 사랑하고 공경
하면 순종하는 것이 되고, 자기의 부모를 사랑하지 않고 공경하지 않으
면서 먼저 남을 사랑하고 공경하면 거슬림이 된다는 것이다.

【語義】 ○父子之道(부자지도) : 아버지와 자식의 관계에서 마땅히 실
행해야 할 道理, 즉 부모로서 자식을 慈愛하고, 자식은 공경하는 마음

을 다해서 부모에게 효도하는 道理는 혈연을 통한 인간 애정의 시원
(始原)을 이루는 것이다. 倫理를 말하게 되면 父子 관계가 기본 바탕
을 이룸을 말하지 않을 수 없고, 그 의미를 설명할 수 없는 것이다.
「禮記」의 禮器篇에, "하늘과 땅의 제사, 종묘에 선대 영혼의 봉사(奉
事), 부자간의 도리, 군신간의 의리는 삼가 지켜야 하는 윤리다. (天地
之祭 宗廟之事 父子之道 君臣之義 倫也)고 했으며, 父子之道 君臣
之義 長幼之序를 옛사람들은 禮의 근본으로 삼았다.

　　○君臣之義(군신지의) : 「古文孝經」에는 '義'가 '誼'로 되어 있다.
임금이 신하를 자식처럼 사랑하고, 신하는 임금을 부모처럼 공경하여
섬기는 것이므로 父子之道와 相通한다. 그런 때문에 忠臣은 孝子門에
서 구한다는 옛말이 있다.

　　○續(속) : 대(代)를 이음이다. '嗣續'을 말하는 것이다.   父母生之
니 永續되는 것이다. 「古文孝經」에는 '續'이 '績'으로 되어 있어 績
은 본래 길쌈을 하는데 실을 잇는 것이니 자꾸만 이어갈 수 있고, 轉하
여 '事' '業' '功'을 뜻하기도 한다.

　　○悖(패) : 사람이 마음(忄←心)을 요사스럽게(孛) 써 도리를 '어지
럽힌다'는 뜻의 字이다. (孛은 버릇없는 자식이란 뜻이다.) 悖德은 도
덕과 의리에 어그러짐, 正道에서 벗어남. 悖禮는 예의에 어그러짐.

◎ 上 傳之六章이니 釋敎之所由生하다.

◉ 위는 傳文의 여섯째 章이니, 가르치는 것으로 말미암아 나는 바를
해석하였다.

〔註〕 朱子曰 古文折 不愛其親 以下別爲一章而各冠以子曰 今文則合
之而又通上章爲一章無此二子曰字 而於不愛其親上加故字 今詳此章
之首 語實更端當以古文爲正 不愛其親語意正與上文相續 當以今文爲
正 至君臣之義下 則又當有脫簡焉 今不能知 其爲何字也 悖禮以上皆
格言 但以順則逆以下 則又雜取左傳所載 季文子北宮文子之言與此上

文 旣不相應而彼此得失 又如前章所論 子産之語今删去凡九十字. 季
文子曰 以訓則昏民無則焉. 不度於善而皆在於凶德 是以去之 北宮文
子曰 君子在位可畏 施舍可愛 進退有度 周旋可則容止可觀 作事可法
德行可象 聲氣可樂 動作有文 言語有章以臨其下.

【註釋】 주자(朱子)가 이르기를, "「古文」에서는 이 章 중에 '不愛其
親' 이하를 잘라서 따로 한 章을 만들고 각각 그 위에 「子曰」로써 씌
웠다. 또 「今文」에는 이것을 합쳐서 上章과 통하게 한 章으로 하여
「子曰」 두 글자는 없으며, '不愛其親' 위에 '故'字를 더 하였으니 이
제 이 章의 첫머리에 그 뜻이 자세하다.

말을 실은 새로 이룸이 마땅하다면 이로써 「古文」이 바르다 할 것이
요, '不愛其親'의 바른 語意와 上文이 서로 이어짐이 마땅하다면 「今
文」이 바르다 하겠다. 君臣之意 이하에 이르르면 또 중요한 것이 빠져
있는데 지금은 그것이 무슨 字인지 알지 못하는 것이다. 다만 '以順則
逆' 이하는 더욱이 「左傳」에 실린 季文子와 北宮文子의 말과 上文을
섞어서 취하여 이미 서로 應하지 않아서 피차의 득실이 또 前章에 논
한 바 子産의 말과 같아서 무릇 九十字를 깎아 버렸다.

季文子 이르기를, "법도에 어긋나는 것을 가르침으로써 백성들은 본
받을 것이 없고, 선을 바탕으로 한 법이 아니면 모두가 나쁜 성질을 가
지게 될 것이다. 이로써 버리는 것이다."고 하였다.

北宮文子가 이르기를, "君子가 벼슬 자리에 나아가 있으면 두려워
하게 되고, 집에 있으면 사랑을 베풀게 되고, 나아가고 물러남에 법도
가 있고, 주선하는 것은 모범이 될만하며, 행동거지는 보기 좋게 하고,
행동에서는 법도에 맞도록 힘쓴다. 사람으로써 실행할 도리는 본받을
만하게 하고, 聲氣는 즐길만 하게 하며, 동작에 아름다움이 있으며, 언
어에는 밝음이 있음으로써 그 아랫 사람들을 대한다."라 하였다.

傳之七章

傳之七章
(今文紀孝行章第十)

○子曰 孝子之事親에 居則致其敬하고 養則致其樂하고 病則致其憂하고 喪則致其哀하고 祭則致其嚴이니 五者 備矣然後에야 能事親이니라. (養去聲, 樂音洛.)

◉ 공자(孔子)께서 말씀하시기를, "효자가 부모를 섬기는데, 보통 때에는 그 공경함을 극진히 하고, 음식을 봉양하는 때에는 그 즐거워함을 극진히 하고, 병들었으면 그 근심을 극진히 하고, 초상이 났으면 그 슬픔을 극진히 하고, 제사에는 그 엄숙함을 극진히 하나니, 이 다섯 가지가 갖추어진 뒤라야 부모를 잘 섬겼다고 말할 수 있을 것이니라. (養은 去聲이다. 樂의 音은 락이다.)

〔註〕 此는 教之以善也라. 居는 謂平居니 暇日無事之時라. 致者는 推之而至其極也라. 敬者는 常存恭敬하여 不敢慢易也라. 養은 謂飮食奉養之時라. 樂者 歡樂이니 悅親之志也라. 病者는 謂父母有疾이니 疾甚而病이라. 憂는 憂慮니 不遑寧處也라. 喪은 謂不幸親死하여 服其喪也라. 哀는 哀戚이니 追念痛切也라. 祭는 謂親没而祭祀之라. 嚴은 謂清潔이니 肅敬謹畏하여 將事也라. 人有一身하니 心爲之主요, 士有百行하니 孝爲之大라. 爲人子者이 誠以愛親으로 爲心하여 而不

忘事親之孝하여 平居無事에 常有以致其敬이면 則敬存而心存하여
一敬이 旣立에 遇養則樂하고 遇病則憂하고 遇喪則哀하고 遇祭則嚴
하리니 五者에 有一不備면 不可謂能이나 然이나 皆以敬爲本이니라.

【註釋】 이는 善으로써 가르치는 것이다. 居는 평소에 거처하는 것을
말하는 것이니 한가로운 날 아무런 일도 없을 때를 말하고, 致는 마음
을 推移해서 극진함을 이룬다는 말이고, 敬은 항상 공경하는 마음을
가져 감히 소홀히 하지 않는 것이다. 養은 음식을 봉양하는 때를 말한
다. 樂은 기쁘고 즐거운 것이니 어버이의 뜻을 기쁘게 하는 것이다. 憂
는 근심하고 염려하는 것이니, 마음이 편안하지 않는 것이다. 喪은 불
행히 어버이가 죽어서 그 복을 입는 것을 말한다. 哀는 슬프고 슬픈 것
이니, 지난날의 부모의 일을 생각해서 마음 아파하고 슬퍼하는 것을 말
한다. 祭는 어버이가 돌아가신 후에 제사 지내는 것을 말한다. 嚴은 맑
고 깨끗한 것이니, 엄숙하고 공경하고 삼가하여 두려워 한다는 말이다.
  사람에게 一身이 있으니 마음이 主가 되고, 선비에게 百行이 있으니
孝로 제일 큰 것을 삼는다. 남의 자식된 자는 진실로 부모를 사랑하는
것으로써 본심을 삼아서 부모를 섬기는 도리를 잊지 않아야 하며, 보통
때 곧 일이 없을 때에 항상 그 공경하는 마음을 이르게 하면 공경함이
마음에 있어서 한결같은 공경심이 이미 확립되어 부모를 봉양해야 함
을 당하면 즐거워 하고, 초상을 당하면 슬퍼하고 제사를 당하면 엄숙
하게 할 것이다. 다섯 가지에 하나라도 갖추지 못하는 것이 있으면 부
모를 잘 섬긴다고 할 수 없나니, 그러니 모두 공경으로써 근본을 삼을
것이니라.

【語義】 ○孝子(효자) : 부모에게 힘을 다해 섬기되 부모를 있게 한 선
조(先祖)까지 받들어 섬기는 것이다. 「禮記」 內則에 "효자가 노부모
를 봉양하는 데는 그 마음을 즐겁게 해주고 그 뜻에 어긋나지 않도록
하고 그 눈과 귀를 즐겁게 해 주며, 그 자리를 편안하게 해주고, 그 음
식에 있어서는 충성스런 마음을 다하여 봉양하되 효자의 몸이 끝날 때
까지 해야 한다. 효자의 몸이 끝날 때까지라는 것은 부모의 명이 다할

때까지 효도를 다한다는 것이 아니며, 그 효자 자신의 목숨이 다할 때까지 효도를 다함을 말하는 것이다. 그러므로 부모가 사랑하는 바는 효자 역시 이를 사랑하고, 부모가 공경하는 바는 효자도 역시 공경한다. 개와 말에 이르기까지도 모두 그렇거늘 하물며 사람의 일에 있어서랴.”라고 하였다. (曾子曰 孝子之養老也 樂其心 不違其志 樂其耳目 安其寢處 以其飮食 忠養之 孝子之身終 終身也者 非終父母之身　終其身也 是故 父母之所愛 亦愛之 父母之所敬 亦敬之 至於犬馬 盡然　而況於人乎) 孝子가 부모를 섬기는 자세를 자세히 일러준 것이다.

　　○致其敬(치기경) : ‘致’는 ‘極盡也’ ‘극진하다’의 뜻. ‘敬’은 恭敬하는 것. 「禮記」內則에 “아들이 부모를 섬길 때에는 첫닭이 울면 모두 일어나 세수하고 양치질하며 머리 빗고, 또 며느리가 시부모를 섬기려면 친가에서 부모를 섬기는 것과 같이 한다. 며느리들은 첫 닭이 울면 모두 일어나 세수하고 양치질하고 머리 빗고, 이렇게 하여서 부모 혹은 시부모의 처소로 가는데, 가면 마음을 가라앉히고 목소리를 부드럽게 하고, 입은 옷의 춥고 더움을 묻고, 또는 아픈가 가려운가를 묻고 공손하게 긁기도 하고, 주물러 드리기도 한다. 부모가 출입하실 때에는 앞서기도 하고 뒤서기도 하여 공손히 붙들어 모신다. 세숫물을 올릴 때에는 어린이는 대야를 받들고 나이 많은 자는 물을 부어 세수하기를 청한다. 세수를 마치면 수건을 올린다. 음식은 무엇을 자시고 싶으신가를 물어 그 원하는 것을 공손히 올리되 얼굴빛을 부드럽게 하여 뜻을 받들어 거행한다. 된 죽과 묽은 죽, 술, 단술과 나물을 섞어 끓인 고기죽과 콩, 보리, 대마(大麻) 열매, 벼, 메기장과 기장, 차조 등 그 어느 것이나 먹고 싶어하는 것을 올린다. 그 맛을 내려면 대추, 엿, 꿀 등으로 달게 하고, 씀바귀나 부추는 햇 것과 묵은 것을 섞어 쌀 뜨물로 매끄럽게 하거나 혹은 유지(油脂)를 사용해서 입에 맞도록 한다. 그리고 권해 올린 것은 반드시 시부모가 입에 대는 것을 본 후에 물러나오는 것이다.”고 하였다. (子事父母 雞初鳴 咸盥漱 櫛縱. 婦事舅姑 如事父母 雞初鳴 咸盥漱 櫛縱, 以適父母舅姑之所 及所　下氣怡聲 問衣燠寒 疾痛苛癢 而敬抑搔之 出入則或先或後 而敬扶持之　進盥 少者奉槃 長者奉水 請沃盥 盥卒授巾 問所欲 而敬進之　柔色以溫之

饘酏酒醴 芼羹菽麥 蕡稻黍梁 秫 唯所欲 棗栗飴蜜以甘之　菫荁枌楡
免薧 滫瀡以滑之 脂膏以膏之 父母舅姑　必嘗之而後退) 이에서 옛 君
子들은 부모에게 어떻게 공경을 다하려고 애썼는지 그 구체적인　사항
을 살필 수 있다.

　○病則致其憂(병즉치기우) : 「古文孝經」에는 '病'字가 '疾'로 되어
있다. 「說文」에 病은 疾加也로 疾이 더 심해지는 것이다.　致其憂는
근심을 다하는 것이다. 「禮記」曲禮上에 "부모가 병이 들면 아들은 근
심하여 成人의 남자는 머리를 빗지 않으며, 다닐 때에 나는듯 걷지 않
으며, 바르지 않은 말을 하지 않으며, 거문고나 비파를 다루지 않으며,
고기는 먹으나 맛이 없어질만큼 많이 먹지 않으며, 술을 마시나 얼굴
빛이 변하는데 이르지 않으며, 잇몸이 드러나도록 크게 웃지　않으며,
성내어도 남을 소리쳐 꾸짖는 데까지 이르지 않는다. 부모의 병이 나으
면 도로 예전과 같이 한다."고 하였다. (父母有疾 冠者不櫛 行不翔 言
不惰　琴瑟不御　食肉不至變味　飮酒不至變貌 笑不至矧　怒不至詈
疾止復故) 이와같이 부모의 병환에 근심이 되어 조심하고　경계하느라
다른 무엇에 마음을 쓸 정신의 여유가 없음을 알 수 있다.

　○喪則致其哀(상즉치기애) : 여기서 말하는 '喪'은 부모를 중심으로
한 친족(親族)의 죽음을 의미한다. 致其哀는 슬픔을 다하는 것이다. 그
러나 언제까지고 슬퍼하고 있을 수만은 없기 때문에 親疎에 따라서 喪
期가 다르다. 특히 지금의 세상에선 喪禮가 극히 간략(簡略)해지고 喪
期 또한 무시되고 있는 실정이고 보면, 지금 사람은 옛사람에　비하여
情이 부족한지 감정이 무딘지…….

　喪中에 있는 사람이 지켜야 할 일을 「禮記」曲禮上에 "居喪하는 예
절은 몸이 헐고 수척한 정도가 뼈가 드러날 정도가 되어서는 아니되고,
視力과 聽力이 쇠잔해서는 안되며, 조계(阼階)로 오르내리지　않으며,
나가고 들어갈 때에 문의 한가운데를 통과하지 않는다. 居喪하는 예절
은 喪主의 머리에 부스럼이 있으면 머리를 감으며, 몸에 종기가　있으
면 몸을 씻으며, 병이 있으면 술도 마시고 고기도 먹지만, 병이 그치면
다시 처음과 같이 술을 마시지도 않고, 고기도 먹지 않는다. 喪을 견디
어내지 못하는 것은 곧 자손에게 자애하지 않고 부모에게 효도하지 않

는 것에 견주게 되는 것이다. 五十세가 되면 몸을 극도로 훼손하지 않
으며, 六十세가 되면 몸을 훼손하지 않으며, 七十세가 되면 다만 몸에
최마복(衰麻服)을 입고 있을뿐 술도 마시고 고기도 먹으며, 집안에서
거처한다."고 하였다.(居喪之禮 毁瘠不形 視聽不衰 升降不由阼階 出
入不當門隧, 居喪之禮 頭有創則沐 身有瘍則浴 有疾則飮酒食肉 疾
止復初 不勝喪 乃此於不慈不孝 五十不致毁 六十不毁 七十唯衰麻在
身 飮酒食肉 處於內)

  君子의 슬픔을 다함이 어느 정도였는지 짐작이 가는 것이다. 그러기
에 禮不踰節이라 하여 禮에도 節度가 있었다. 즉 몸을 훼손하면 不孝
가 되므로 몸을 훼손하지 않는한 슬픔을 다한 것을 엿볼 수 있다.

  ○祭則致其嚴(제즉치기엄) : 嚴은 淸潔히 하고 엄숙하고   공경하고
삼가하고 어려워하는 것이다. 祭는 神이나 조상의 영혼 앞에 음식을 차
려놓고 모시는 것이다. 그러므로 祭에는 정성이 나타나는 것이다.「禮
記」祭義에 "효자가 父祖의 제사를 지낼 때에는 정성을 바쳐 이를 다
하고, 믿음을 다함에 공경함을 바쳐 이를 다하고, 禮를 바쳐 이를 다
하여 조금의 소홀함이 없이 一進一退에 삼가해야 하고 그 태도는 마치
직접 父母의 말씀을 듣고 그에 따라 움직이고 있는 것같이 하는 것이
다."고 하였다.(孝子之祭也 盡其慤而慤焉 盡其信而信焉 盡其敬而敬
焉 盡其禮而不過失焉 進退必敬 如親聽命 則或使之也) 이렇듯 祭에
는 祭物도 갖추어야 하겠지만 '嚴'을 다하는 요소들의 마음과 정성이결여
된다면 君子의 효는 허울좋은 겉치레에 지나지 않을 것이다.

  ○能事親(능사친) :「古文孝經」에는 能事其親으로 '其'字가 '親'字
앞에 있다. 여기서 '能'은 조동사로서 어떤 일을 할 능력이 있거나 조
건이 되는 것을 나타내고, 동사 앞에 쓰이며, 해석할 필요는 없다. '충
분히 …… 할 수 있다'로 해석한다. '能事親'은 곧 '어버이를 잘 섬겼
다고 할 수 있다'로 해석된다.

○事親者는 居上不驕하며 爲下不亂하며 在醜不爭하나니 居上
而驕則亡하고 爲下而亂則刑하고 在醜而爭則兵이니 三者를
不除하면 雖日用三牲之養이라도 猶爲不孝也니라. (養去聲.)

◉ 부모를 섬기는 자는 윗자리에 있어도 교만하지 않으며, 아래가 되어
도 난(亂)을 일으키지 않으며, 동류(同類)에 있어서도 다투지 않느니
라.

　윗자리에 있으면서 교만하면 곧 망할 것이요, 아래가 되어서 난을 일
으키면 형벌을 받고, 동류에 있으면서 다투면 병기로 해치게 될 것이니
라. 이 세 가지를 제거하지 않으면 날마다 소, 양, 돼지같은 세 가지
희생으로 부모를 봉양할지라도 오히려 불효가 될 것이니라. (養은 去聲
이다.)

〖註〗 此는 戒之以不善也라. 孝子之事親者는 居人上이면　則當莊敬
以臨下하고 而不可驕矜이오. 爲人下면 則當恭謹以事上하고 而不可
悖亂이오.　在己之醜類 等夷면 則當和順以處衆하고　而不可爭競이니
라. 苟居上而驕면 則失道而取亡하고 爲下而亂이면 則犯分而致刑하
고 在醜而爭이면 則啓釁而召兵하나니 曰驕曰亂曰爭三者를　不除하
면 而曰亡曰刑曰兵三者이 必至하여 危亡之禍이 憂將及親하리니 其
爲不孝는 大矣니 雖曰具牛羊豕三牲之養하여 自以爲盡禮라 하니 親
이 得安坐而食乎아.　故로 曰 猶爲不孝也니라. 愚는 按此章컨대 以
敬爲主면 則有前之善하고 無後之不善하나니 不敬者는 反是니라. 事
親而慾盡孝者는 可不愛親而先盡敬乎아.

〖註釋〗 이는 착하지 않은 일을 경계한 것이다.
　효자가 부모를 섬기는 데는 남의 윗자리에 있으면 마땅히 엄숙하고,
공경함으로써 아랫사람에게 임하고 교만하고 자랑할 수 없고, 남의 아
랫사람이 되면 마땅히 공경하고 삼가함으로써 웃사람을 섬기고　패란
(悖亂)할 수 없고, 자기가 추하고 못난 무리들 틈에 섞여 있으면 마땅

히 화순함으로써 무리들과 같이 처신하고 싸우고 다툴 수 없을 것이다. 진실로 남의 위에 있으면서 교만하면 도를 잃고 망하는 것을 취하고 아래가 되어서 패란(悖亂)을 하면 자기의 분수를 범하여 형벌을 받게 되고 같은 무리들의 틈에 있으면서 동료들과 다투게 되면 틈이 생겨 난리를 일으키게 된다. 교만하고 방자함과 패란(悖亂)함과 투쟁(鬪爭)의 이 세가지를 없애지 않으면 망하고, 형벌을 받고, 난리를 일으키는 세 가지 것이 반드시 닥치어 한 몸이 위태롭고, 한 몸이 망하게 되는 화와 근심이 마침내는 부모에게 미칠 것이니 그 불효됨이 크다. 비록 날마다 소, 양, 돼지의 세 가지 희생을 갖추어 부모를 봉양하여 그것으로써 자기의 효도를 다했다고 하면 부모가 어떻게 편안히 앉아서 먹을 수 있겠는가 ? 그러므로 오히려 불효가 된다고 말한 것이다. 愚(←朱子가 자신을 이르는 말)는 이 章을 살피건대 공경하는 것으로써 주(主)를 삼았으면서 앞에다 착한 것만 두고, 뒤에는 착하지 않은 것이 없다고 하면 공경하지 않는 자는 이와 반대가 된다. 부모를 섬기면서 효도를 극진히 하고자 하는 자는 부모를 사랑하지 않으면서 먼저 공경을 다할 수 있겠는가 ?

【語義】 ○亂 (란) : 문란한 행위, 난잡한 행위, 패란(悖亂). 나라를 어지럽게 함.

  ○醜 (추) : 類와 같은 뜻으로 同類. 같은 무리.

  ○兵 (병) : 무기를 가지고 싸움. 병화를 일으킴.

  ○三者 (삼자) : 驕·亂·爭의 세 가지 패역(悖逆)하는 행위. 「古文孝經」에는 '三'字 앞에 '此'字가 있다.

  ○三牲之養 (삼생지양) : '養'은 봉양하는 것. 三牲은 소, 양, 돼지의 고기를 가리킨다. 곧 진수성찬을 의미한다. 三牲之養은 곧 孝養을 극진히 하는 것을 의미한다. 「禮記」 禮器篇에 "대향(大饗)은 진정 제왕의 일다운 행사이다. 거기에 바쳐지는 삼생(三牲)과 물고기 및 짐승의 건육(乾肉) 등은 사해구주(四海九州)에서 모인 진미(珍味)이다.(大饗 其王事與 三牲魚腊 四海九州之美味也)라고 한 것을 보면 여기서는 三牲이 진미(珍味)의 뜻으로 쓰였다.

◎ 上은 傳之七章이니 釋始於事親及不敢毀傷하다.

◉ 위는 傳文의 일곱째 章이니, 여기에서는 부모 섬기는 일에서부터 시작하여 자기의 몸을 감히 毀傷하지 말아야 한다는 것을 해석하였다.

〖註〗朱子曰 亦格言也.

【註釋】 주자(朱子) 이르기를, "역시 격언이다."라고 하였다.

傳之八章

傳之八章
(今文五刑章第十一)

○子曰　五刑之屬이　三千이로되　而罪莫大於不孝니라.

⊙ 공자(孔子)께서 말씀하시기를, "다섯 가지 형벌의 종류가 三천이나 되지만 불효죄(不孝罪)보다 더 큰 것은 없다."고 하셨느니라.

【註】五刑은　墨과　劓와　剕와　宮과　大辟五等之刑이라.　墨者는　剌字 而涅以墨하고　劓는　截其鼻하고　剕는　斬其趾하고　宮은　男子는　割勢 하고　婦人은　幽閉라.　辟은　法也니　大法은　死刑也　古用肉刑이러니 漢文帝는　始除之하고　斬左趾者는　笞五百이오.　當劓者는　笞三百하 니　率多死하고　景帝는　又定律하여　笞五百曰三百이라　하고　笞三百曰 二百이라　하니라.　呂刑에　云　墨罰之屬千과　劓罰之屬千과　剕罰之屬 五百과　宮罰之屬三百과　大辟之罰이　其屬이　二百이라　하니　五刑之 屬이　三千이라.　孔子이　盖引此句하사　以爲刑罰之條目이　雖如此其多 나　而罪之至大者는　無過於不孝라　하시니　則不孝者는　天地에　所不 容也니라.　上章은　己足爲天子諸侯卿大夫之戒矣오.　於此에　又兼士 庶人之戒焉하니라.

【註釋】다섯 가지 刑은 墨·劓·剕·宮·大辟 등의 다섯 가지 등급의

형벌이다. 墨刑은 몸에 먹물로써 자자(刺字)하는 형벌이고, 劓刑은 코를 베는 형벌이고, 剕刑은 발목을 베는 형벌이고, 宮刑은 남자는 불알을 제거하고 부녀는 음소를 제거하는 형벌이다. 辟은 法이니 大法은 사형이다. 옛날에도 肉刑을 사용하더니 漢나라 文帝가 비로소 없애고 왼쪽 발목을 자를 자는 笞刑 五백을 치고, 코를 베일 자는 笞刑 三백을 치니 죽는 율이 많고 景帝가 또 법을 정하여 笞刑 五백을 三백으로 하고, 笞刑 三백을 二백으로 하였다. 呂刑에 이르되 墨刑에 속하는 죄가 千가지, 劓刑에 속하는 죄가 千가지, 剕刑에 속하는 죄가 五백 가지, 宮刑에 속하는 죄가 三백 가지, 大辟에 속하는 죄가 二백 가지라 하였으니, 五刑에 속하는 죄가 三千인 것이다.

공자(孔子)께서 대개 앞 구를 인용하시어 이로써 형벌의 條目이 비록 이와같이 많지만 죄에서 가장 큰 것은 불효보다 더 큰 것이 없다고 하신 것이다. 곧 불효란 天地間에 용납할 데가 없는 것이라 하신 것이다.

위 章에서는 이미 천자와 제후와 경대부에 대한 경계가 넉넉히 되었었고, 여기에서는 또한 선비와 일반 백성에 경계까지 겸한 것이다.

【語義】 ○五刑(오형) : 사람이 공동생활을 하는 곳에서는 자율호조(自律互助)의 道가 있어야 하므로 法의 뜻이 함유되어 있다. 따라서 '刑'은 법에 의하여 죄를 벌준다는 뜻이 있다. 또 형벌은 무엇 때문에 있어야 하는가에 대해서는 「禮記」 大傳篇에 "백성을 사랑하기 때문에 형벌을 공정히 하고, 형벌을 공정히 하기 때문에 백성이 안심하고, 백성이 안심하기 때문에 재물이 늘어나서 비용이 넉넉하고, 재물의 비용이 넉넉하기 때문에 만인(萬人)이 원하는 것을 성취할 수가 있다 (愛百姓故刑罰中 刑罰中故庶民安 庶民安故財用足 財用足故百志成)라고 했으니, 형벌은 백성을 위해서 있는 것인데, 옛적에는(夏의 虞舜 때) 주로 체형(體刑)을 罰로 加했는데 墨刑은 먹물로 몸에 刺字하여 지워지지 않게 하고, 劓刑은 코를 베어 얼굴의 중심을 잃게 하고, 剕刑은 발목을 잘라서 기동력을 잃게 하고, 宮刑은 불알을 까서 氏를 없애버리고, 大辟은 목을 베어 죽여버렸는데 이 다섯 가지 형벌을 '五刑'이라 한다.

이와같은 嚴한 五刑을 制定한 까닭을 「墨子」尚同上篇에 “옛날 聖王
은 다섯 가지 형벌을 만들어 백성을 다스렸다. 그것은 비유컨대　실타
래에 실마리가 있고, 그물에 벼리(綱)가 있는 것과 같은 것이다. 聖王
이 다섯 가지 형벌을 만든 것은 天下의　백성 중에서 윗사람에게 따르
지 않는 자를 단속하기 위해서였다.(古者聖王 爲五刑以治其民譬若絲
縷之有紀 罔罟之有綱 所以連收天下之百姓不尙同其上者也)라고　말
했으며, 또 五刑을 집행, 행하는 과정을 보면「禮記」王制에 “무릇　五
刑을 制定하는 데는 반드시 天道에 근거를 둔다. 처벌은 반드시 그 죄
과의 사실대로 시행되어야 한다.(다른 감정이나 이해관계가　개재되어
서는 아니된다.) 무릇 五刑의 옥사를 처리할 때에는 반드시　父子有親
의 윤리에 근본을 두고 君臣有義의 도리에 입각하여 죄를 저울질 해서
알맞게 처리하며, 죄의 깊고 얕은 量을 신중히 헤아려 경중에 따라 刑
量을 구별해야 한다. 또한 사구(司寇)는 자신의 총명과 忠愛의　情을
다하고 만일 의심스러운 사건이면 널리 많은 사람들의 의견을 듣고 사
람들이 (용의자의 죄를) 의심하는 것같으면 赦免한다. 그에　대해서는
반드시 옛날의 判例를 살펴서 시행한다. 獄辭가 이루어지면 文書를 맡
은 관리가 獄正에게 보고한다. 옥정이 듣고 獄事가 성립되었다는 것을
大司寇에게 보고한다. 대사구는 그것을 棘木의 아래에서 살펴보고 옥
사가 성립되었음을 왕에게 보고한다. 왕은 三公에게 명령하여　참여해
서 듣게 하고, 三公은 옥사가 성립된 것을 다시 왕에게 고한다.　왕은
三宥하여 죄과의 감면을 물은 뒤에 형벌을 단행한다. 무릇　형벌을 시
행하기로 하였으면 아무리 가벼운 벌이라 할지라도 반드시 집행한다.
　대저 ‘刑’이란 ‘侀’을 말한다. 이 侀이란 정해서 이루는 것이다. 한
번 정해서 이루면 변할 수 없다. 그렇기 때문에 君子는 형량을 정함에
있어 마음을 기울여 신중을 기한다.(凡制五刑 必即天論郵罰麗於事,
凡聽五刑之訟 必原父子之親 立君臣之義 以權之　意論輕重之序,　愼
測淺深之量 以別之 悉其聰明 致其忠愛以盡之 疑獄汜與衆共之 衆疑
赦之 必察小大之比 以成之 成獄辭 史以獄成 告于正 正聽之　正以獄
成 告于大司寇 大司寇聽之棘木之下 大司寇以獄之成　告於王 王命三
公 參聽之 三公以獄之成 告於王 王三宥 然後制刑 凡作刑罰 輕無赦

刑者侀也 侀者成也 一成而不可變) 이렇게 罰을 내리는 죄 중에서도 여기서는 不孝의 죄를 가장 무겁고 크다고 한 것이다.

○要君者는 無上이요, 非聖人者는 無法이요, 非孝者는 無親이니 此大亂之道也니라.((要平聲)

◉ 임금에게 강요하는 자는 윗사람을 업신여기는 자요, 성인을 그르다고 하는 자는 법을 업신여기는 자요, 효를 그르다고 하는 자는 부모를 업신여기는 자이니, 이는 크게 어지러운 도이니라. (要는 平聲이다.)

〔註〕 此는 極言不孝之罪라. 所以爲大君者 臣之所稟令者也어늘 而敢於要脅之면 是는 無其上也요, 聖人者는 法之所從出也어늘 而敢於非議之면 是는 無其法也요, 人莫不有父母也어늘 而敢以孝道로爲非면 是는 無其親也라. 人이 必有親以生하고 有君以安하고 有法以治而後에야 人道가 不滅하며 國家이 不亂하나니 若三者가 皆無之면 此는 大亂之道也라. 三者 又以不孝로 爲首하니 盖孝則必忠於君하며 必畏聖人之法矣오. 惟其不孝는 不顧父母之養하여 是以로 無君臣하며 無上下하여 詆毀法令하며 觸犯刑辟하리니 不孝之罪蓋不容誅也니라.

【註釋】 이는 불효의 죄를 극언(極言)한 것이다. 소이 위대한 임금은 臣民에게 令을 내려 이를 시행하게 하고, 백성들은 그에게 모든 일을 품해서 행하는 것이거늘 감히 백성으로서 임금을 위협한다고 하면 이는 그 윗사람을 업신여기는 것이요, 또 聖人이란 모든 세상의 법을 만들어내는 분인데 감히 이를 그르다고 말을 한다면 이는 그 법을 어기는 것이나 다름이 없는 것이다.

　더구나 사람마다 부모가 없는 사람은 없거늘, 감히 효도하는 것을 그르다고 한다면 이것은 그 부모를 업신여기는 것이 된다.

　사람이란 반드시 그 부모로 인하여서 태어나는 것이고, 임금이 있음으로써 편안하게 살 수 있고, 법이 있어서 이 법으로 다스린 뒤에야 사람의 道義는 없어지지 않는 것이며, 이에 따라서 나라와 가정이 어지럽지 않은 것이다.

만일에 이 세 가지 것이 모두 없다고 하면 이것은 세상이 크게 어지러워지게 되는 것이다. 이 세 가지 것 중에서 불효가 제일 큰 것이니 대개 효도란 반드시 임금에게 충성을 하고 반드시 성인의 법을 두려워하기 마련이다.

이와는 반대로 불효를 하는 자는 부모를 봉양할 일을 돌아보지 않고 있기 때문에 이로 인하여 임금과 신하도 없으며, 위와 아래도 없어져 법을 무너뜨리고 죄를 범하여서 형벌을 받게 될 것이므로 이는 모두가 효도하지 않는 죄가 되는 것이다.

【語義】○要君(요군) : 君主에게 자신의 뜻에 따르도록 강요하는 것. '要'는 강제·강요를 의미한다.

○無上(무상)·無法(무법)·無親(무친) : 「古文孝經」에는 '無'字가 '亡'字로 되어 있다. '亡'은 경멸하다, 업신여기다. '上'은 君을 가리킨다. '法'은 聖人이 制定한 禮法을 가리킨다. '親'은 자기를 낳아준 부모를 가리킨다.

○非聖人(비성인)·非孝者(비효자) : 여기서 '非'는 비난하다, 그르다고 하다의 뜻이다. 聖人을 그르다 하고, 효를 그르다 하는 것.

○此大亂之道也(차대란지도야) : 여기서 '此'는 無上·無法·無親을 가리키고, 이것은 부끄러움을 모르고 不義를 두려워 할 줄 모르기 때문에 大亂의 근본이 되고, 나라나 가정에 크게 해(害)가 된다. 亂은 不祥에서 생겨나는데, 윗사람이 아랫사람을 사랑하지 않고 아랫사람이 윗사람을 공경하지 않는 것이 不祥이며, 君臣이 禮義를 지키지 않는 것이 不祥이며, 관리가 法을 지키지 않는 것이 不祥이다. 그러므로 法은 至道이다. 聖君이 禮法을 만들어 천하에 행하도록 한 이유는 그것이 存亡治亂의 원인이 되기 때문이다.

君臣上下가 禮法을 지키면 禍亂은 일어나지 않는다. 法을 만드는 것은 明君이고, 法을 지키는 자는 忠臣이고, 法을 따르는 자는 良民이

다(此無上無法無親也 言其不恥不仁 畏誼爲大亂之本 不可不絶也. 凡
爲國者 利莫大於治 害莫大於亂 亂之所生 生於不祥 上不愛下 下不
供上 則不祥也 群臣不用禮誼 則不祥也 有司離法而專違制 則不祥也
故 法者至道 聖君之所以爲天下儀 存亡治亂之所出也 君臣上下 皆發
焉 是以明王置儀說法 而固守之卿相 不得存其私 群臣不得便其親 百
官之事案以法 則姦不生 暴慢之人繩以法 則亂不起 夫能生法者 明君
也 能守法者 忠臣也 能從法者良民也←「古文孝經」의 孔安國傳) 라
하여 聖人이 만든 禮法을 지키지 않는 것이 大亂의 근본임을 말해 주
고 있다.

◎ 上은 傳之八章이다.

◉ 위는 傳文의 여덟째 章이다.

〔註〕 朱子曰 因上文 不孝之云 而繫於此 亦格言也.

【註釋】 주자(朱子) 이르기를, "윗 글의 불효한 것으로 인하여서 더욱
덧붙인 말이니 이 또한 格言이다.

傳之九章

傳之九章
(今文事君章第十七)

○子曰　君子事上하되　進思盡忠하며　退思補過하여　將順其美하고　匡救其惡이라.　故로　上下能相親하나니　詩曰　心乎愛矣어니　遐不謂矣리오마는　中心藏之이니　何日忘之리오　하니라.

◉　공자(孔子)께서 말씀하시기를, "군자가 임금을 섬기는 데는 조정에 나아가서는 충성을 다할 것을 생각하고, 퇴정한 후에는 잘못을 고칠 것을 생각하며 임금의 미덕은 장차 따르고, 임금의 악덕은 바로잡아 구하여야 하느니라. 그럼으로써 상하가 서로 친하여 지느니라.

「시경(詩經)」에 이르기를, "마음 속으로 사랑하니 멀리 떨어져 있어도 멀어지지 않고, 마음 속에 간직 하니 어느 날인들 잊으리오."라고 하였느니라.

〔註〕上은　謂君也라.　進은　謂進見於君이오.　退는　謂旣見而退니　謂爲臣者는　趨朝退朝時也라.　內則父子요, 外則君臣이　人之大倫也니　父子는　主恩하고　君臣은　主敬하니　故로　夫子가　言君子之事君上也에　進見於君에　己有善道면　則思竭盡其忠하여　極言無隱하고　及其旣退에　君有闕失이면　則思補塞其過하면　進則復言하여　至於君有美意면　則將順其美하여　助而成之하되　惟恐不及하고　君有惡念이면　則匡

救其惡하여 諫而止之하되 惟恐或形하나니 蓋忠臣之事君이　如孝子
之事親하여 先其意하며 承其志하며 迎其幾하여 而致其力하여　一念
之善이면 則助成之하여 無使優遊不決하여 沮遏而中止也요,　一念之
惡이면 則諫止之하여 無使昏蔽不明하여 遂成而莫救也니라.　陳善閉
邪하여 慮之以早하고 防之以豫하여 戒於未然하며 止於無迹이니　此
魏鄭公이 所以願爲良臣이오.　而不願爲忠臣也라 하니 爲臣에　豈不
願忠이리오마는 蓋後世에 所謂忠은 必至犯顏敢諫하며　盡命死節而
後에야 爲忠하고 不知救其橫流하여 而極其將亡이　未若防微杜漸하
여 爲忠之大也하니 此는 龍逢比干之忠이 所以不如皐夔稷契之　良이
라.　而吾夫子는 亦以將順其美匡救其惡으로 爲盡忠補過之至也 하시
니 苟非君子면 進則而從하고 退有後言하여 有美하되　不能助而成也
하며 有惡하되 不能救而正也하고 激君而自高하며 謗君　以自潔하여
諫以爲臣而不爲君也하니 是以로 上下가 相疾하여 而國家는 敗矣라.
今以君子로 而事上에 所以忠愛其君者는 如此하여　則君亨其安佚하
고 臣預其尊榮하니 故로 君臣上下가 能相親也라.　君은 猶父하고 臣
은 猶子하여 相親이 猶一家也요, 君은 爲元首하고 臣은　爲股肱하
여 相親이 猶一體也니 此는 相親之至也라.　又引隰桑之詩하사 以言
하시되 臣心愛君이 雖在退遠이니 不謂爲遠이라 하시니　蓋愛君一念
이 常藏心中하여 無日暫忘也니 遠者로 猶不忘也는 而況於近에　可
不盡忠愛乎아.

【註釋】 上은 임금님을 말하는 것이다.　進은 임금님에게 나아가　뵙는
것을 말하는 것이요, 退는 이미 뵙고 물러나는 것을 말하니, 신하된 사
람이 조정에 나아가고 조정에서 물러나는 것을 말한 것이다.

　안으로는 아버지와 아들 사이, 밖으로 임금과 신하 사이는 사람의 큰
인륜이니, 父子間은 은혜를 주장하고 君臣間은 공경을 주장한다. 그러
므로 공자께서 말씀하시되, "군자가 임금을 섬기는데, 나아가　임금에
게 뵙고 자기에게 좋은 방법이 있으면 자기의 충성을 다할　것을 생각
하여 극진히 말하여 숨기지 말고, 자기가 이미 임금을 뵙고　물러나와
서도 임금에게 과실이 있으면 생각하여 임금의 과실을 막고 보정(補正)

하며 임금을 뵙고자 나가면 다시 간언하여 임금에게 착한 마음이 있게
되면 임금의 착함을 받들어 순종하여 도와서 이를 자라게 하되 오직 자
기의 노력이 미치지 못할까 걱정하여, 만일 임금에게 악한 마음이 있으
면 임금의 악함을 바로잡고 구원하고 간하여 그만두게 하되 오직 혹 모
나지나 않을까 두려워하나니. 대개 忠臣의 임금을 섬김이 효자가 부모
를 섬기는 것과 같아서 먼저 그 마음을 살피고 그 뜻을 받들며 그 바람
을 맞아서 자기의 힘을 다해 섬겨 임금에게 한결같은 착함이 있으면 이
것을 助成하여서 優柔不斷하여 막혀서 중지함이 없게 하고, 반대로 임
금에게 한결같은 악함이 있으면 이것을 간하여 중지케 하여 昏蔽不明
하여 드디어 이루어서 구원할 수 없게 말아야 할 것이다." 하며, 착한
것은 열어주고 삿된 것은 막아서 생각하기를 일찍하고 막기를 미리하
여 未然에 경계하며 형적이 없을 때에 중지시킬 것이다. 그러기에 위
(魏)나라 정공(鄭公)은 "이른바 어진 신하가 되기를 원하고 충성스런
신하가 되기를 원치 않는다." 하였으니 어찌 충성스러운 신하가 되기를
원하지 않으리요마는 대개 후세에 소위 충신이라 하는 것은 반드시 임
금의 얼굴을 거역하고 감히 간하여 목숨을 다하고 절의(節義)에 죽은
뒤에라야만 충신이 되는 것이고, 그 임금이 장차 잘 못되는 행동이 있
을 것을 구원해서 나라가 장차 망하려 할 때 이를 막는 것, 곧 조그만
조짐이 보일 적에 이를 미연에 방지하는 것이 충성의 큰 것이라는 것을
알지 못하기 때문이다.
  이는 龍逢과 比干의 충성이 오히려 皐虁와 稷契의 어진 것만 못하
다는 것을 뜻한다. 또한 이것은 공자께서 임금의 착한 것을 받들어 순
종하고 임금의 악한 것을 바로잡고 구원하는 것으로 충성을 다하고 허
물을 補正한 것이니, 진실로 군자가 아니면 나아가서는 순종하고 물러
나서는 뒷말을 하여 임금에게 아름다운 마음이 있어도 이를 돕고 성장
시킬 수 없으며, 악한 마음이 있어도 이것을 구원해서 바르게 해주지
못하고, 임금을 격하게 하여 스스로를 잘난 척하며 임금을 비방함으로
써 스스로를 깨끗한 척하며 간함으로써 신하가 되어서 임금을 임금으
로 하지 않으니, 이로써 임금과 신하가 서로 미워하여 국가가 망한다.
이에 군자로서 임금을 섬김에 이른바 자기의 임금을 충성하고 사랑하

는 자가 이와 같아서 임금은 평안을 누리고 신하는 그 영화를 받게 되기 때문에 君臣이나 상하가 서로 친할 수 있다. 임금은 아버지와 같고 신하는 아들과 같아서 서로 친함이 한 집안과 같고, 임금은 元首가 되고 신하는 股肱이 되어서 서로 친함이 한 몸뚱이와 같은 것이니, 이는 서로 친함이 지극하다.

공자께서는 또 「시경(詩經)」의 습상편(隰桑篇)을 인용하시어 이로써 말씀하시되, "신하의 마음이 임금을 사랑하는 것이 비록 먼 데 있건만 멀다고 말하지 않는다." 하시니, 대개 임금을 사랑하는 신하의 한결같은 생각이 항상 마음속에 간직되어 잠시라도 잊지 말아야 한다는 것이다. 먼 데 있는 자도 오히려 잊지 못하거늘 하물며 가까운 데 있으면서 감히 충성과 사랑을 다하지 않을 수 있으랴.

【語義】 ○事上(사상) : '上'은 임금. 임금을 섬기는 것.

○補過(보과) : 임금의 허물을 補正하는 것.

○將順其美(장순기미) : 임금의 착함을 받들어 순종하는 것. '將'은 猶承也로 받드는 것. '順'은 순종하는 것. '其'는 임금을 가리키는 대명사. '美'는 善을 뜻하는 말.

○匡救其惡(광구기악) : 임금의 악한 점을 바로잡아 악에서 구출하는 것. '匡'은 바로잡는 것. '救'는 구출하는 것. '其'는 임금을 가리키는 대명사. '惡'은 단점, 결점을 말한다.

○能相親(능상친) : 잘 서로 친애함. 신하가 충성을 다하여 임금을 존경하면 임금도 그 마음을 알고 신하를 사랑하게 될 것이니, 서로 친애하게 될 것이라는 것은 효에 근본을 두고 있기 때문에 그럴 수 있다. 그러므로 '충신을 구하려면 孝子의 門에서 구한다.'라는 말이 있다.

○中心藏之(중심장지) : 「古文孝經」에는 '中心'이 '忠心'으로 되어 있다. 忠心은 中心과 같다. 마음속, 심중(心中). '之'는 임금을 가리킨다.

◎ 上은 **傳之九章**이니 **釋中於事君**하다.

⊙ 위는 傳文의 아홉째 章이니, 임금 섬김을 중심으로 해석한다.

〔註〕朱子曰 進思盡忠 退思補過 亦左傳所載士貞子語 然於文理無害 引詩 亦足以發明移孝事君之意 今並存.

【註釋】주자(朱子) 말하기를, "나아가서는 충성을 다할 것을 생각하고, 물러나와서는 임금의 과실을 도울 것을 생각한다는 것은, 역시 左傳에 있는 士貞子 語와 마찬가지이지만 문리(文理)에 해로울 것이 없고, 「시경(詩經)」의 말을 인용한 것도 또한 "효도하는 마음을 옮겨다가 충성하라는 뜻"을 넉넉히 發明시켰기 때문에 이제 여기에 전부 실어 둔다.

傳之十章

傳之十章
(今文感應章第十六)

○子曰 昔者에 明王이 事父孝라. 故로 事天 明하시며 事母孝
라. 故로 事地察하시며 長幼順이라. 故로 上下治하니 天地明
察하면 神明이 彰矣니라. 故로 雖天子라도 必有尊也니 言有
父也며 必有先也니 言有兄也라. 宗廟致敬은 不忘親也요,
修身愼行은 恐辱先也니 宗廟致敬이면 鬼神이 著矣라. 孝
悌之至 通於神明하며 光于四海하여 無所不通하나니 詩云
自西自東하며 自南自北하여 無思不服이라 하니라.
(長上聲, 行去聲)

◉ 공자(孔子)께서 말씀하시기를, "옛적에 명군(明君)은 아버지를 섬기는 것이 효성스러웠기 때문에 하늘을 섬기는 것도 분명하였고, 어머니를 섬기는 것이 효성스러웠기 때문에 땅을 섬기는 것도 잘 살펴서 하였고, 장유(長幼)가 다같이 도를 따랐기 때문에 상하가 잘 다스려졌다. 하늘과 땅을 잘 밝히고 살피면 신명(神明)이 나타나는 것이니라.

그러므로 비록 천자라 할지라도 반드시 그보다 더 높은 분이 있으니 이것은 그 아버지가 계심을 말하는 것이며, 반드시 자기에 우선하는 자가 있으니 이것은 그 형이 있음을 말하는 것이니라.

　　종묘(宗廟)에 공경을 다하는 것은 양친을 잊지 않음이요, 몸을 닦고 행실을 삼가는 것은 선조의 이름을 욕되게 할까 두려워하기　때문이니라.

　　종묘에 공경을 다하면 선조의 영혼이 나타나 감응(感應)하니,　이는 효도와 우애의 지극함이 신명에 통하고 사해에 빛나 미치지 않는 데가 없는 것이니라. 「시경(詩經)」에 이르기를, "동쪽으로부터, 서쪽으로부터, 남쪽으로부터, 북쪽으로부터, 사방으로부터 복종하지　않는 자가 없다."고 하였느니라. (長은 上聲이고, 行은 去聲이다.)

〔註〕易에 曰 乾은 天也니 故로 稱乎父하고 坤은 地也니 故로 稱乎母라. 父有天道하고 母有地道하니 王者는 繼天作子하여　父天母地하니 凡其所以事天地之道는 亦不外事父母之道而已라.　天人幽顯之道一也니 能事人이면 則能事神矣니라. 事父이 孝라. 故로 事天이 明은 能事父以孝면 則其事天也이 必明矣요, 事母이 孝라. 故로 事地이 察은 能事母以孝면 則其事地也이 必察矣니 此明察二字는　亦是就前章 天經地義一句引來라. 孔子曰 明於天之道면 而察於民之故라 하시고 孟子曰 舜은 明於庶物하시며 察於人倫이라 하시니　大抵經은 是總言其大者요, 義는 是中間事物纖悉曲折之宜하니 董子所謂常經通義이 亦是此意라. 惟其爲天之經也는 所以事父이 孝라. 故로 事天이 明이요, 惟其爲地之義也는 所以事母이 孝라.　故로　事地이 察이라. 明字는 氣象이 大하니 聰明睿知이 無所不照하고 察은 則工夫이 細하며 文理이 密하여 察無所不周하고 長幼가 順은　蓋推事父母推之요,　上下이 治는 蓋就事天地推之하니 長幼尊卑이　無一不順其序면 則人道이 盡矣요, 極其孝면 則三光이 全하며　寒暑平하여 而天道는 淸矣오. 山川鬼神이 亦莫不寧하며 鳥獸魚鼈이　咸若하여 而地道이 寧矣라. 所以神明은 即造化之功用也니 事天地而至於如此면 豈不洋洋如在其上하며 如在其左右乎아. 此亦昔者明王之事가 如此하니 後之爲天子者는 所宜取法也라. 必有尊也니 言有父也는　因事父事母孝二句요, 必有先也니 言有兄也는 因長幼順一句라.　誰無父母리요, 皆可爲孝며 誰無兄長이리오. 皆可爲悌니 又而上之면　不

特事父兄爲然이라. 至於奉宗廟事先祖에는 亦莫不然하니 但須盡吾立身之道而已라. 修身愼行은 此是事親之始終이 不出於此하니 故로 爲人子는 一擧足而不敢忘父母하며 一出言而不敢忘父母하나니 惟恐一言一行之玷이오. 以辱其親인가 하며 若其事宗廟致敬이면 其彰著尤可見其實이라. 皆自充吾의 一念之孝悌하여 而至其極이면 則其幽也에 可以通於神明하며 其顯也에 可以光于四海하여 其無所不通하니 故로 引文王有聲之詩하사 以贊之하시니라. 嗚呼라. 是道는 非仁孝誠敬之至면 豈足以與於此哉리오. 天人之道가 昭矣며 感應之理가 微矣니 讀是章者는 必有以深體而默識之니라.

【註經】「역경(易經)」에 이르기를, "乾은 하늘이다. 그러므로 아버지를 가리킨다. 坤은 땅이다. 그러므로 어머니를 가리킨다. 아버지에게는 하늘의 道가 있고, 어머니에게는 땅의 도가 있다. 왕자는 하늘의 뜻을 받아 백성을 자식으로 여겨 하늘을 아버지로 하고, 땅을 어머니로 하니 무릇 그 천지를 섬기는 道는 역시 부모를 섬기는 道에 벗어나지 않을 따름이다.

천인유현(天人幽顯)의 道는 하나이다. 사람을 잘 섬길 수 있으면 귀신도 잘 섬길 수 있다."고 하였다. 아버지를 孝로 섬기기 때문에 하늘을 섬기는 것이 밝다고 한 것은 즉 아버지를 孝로써 잘 섬기면 그 하늘을 섬기는 것이 반드시 밝은 것이다. 어머니를 孝로 섬기기 때문에 땅 섬기기를 살피는 것은, 즉 어머니를 孝로써 잘 섬기면 그 땅을 섬기는 것이 반드시 살피는 것이다. 여기에서 '明'과 '察'의 두 字는 역시 前章에서 말한 天經과 地義의 한 구절을 인용하여 온 것이다.

공자께서 말씀하시기를, "하늘의 道에 밝으면 백성을 잘 살피기 때문이다."고 하였고, 맹자(孟子)께서도 이르기를, "舜은 여러 가지 사물에 밝아서 인륜을 잘 살핀 것이다."고 하였다.

대저 經이란 그 큰 것을 다 말한 것이요, 義란 중간 事物의 섬세하고 자세한 曲折에 마땅하니 董子가 이른바 經에 떳떳하고 義에 通하였다는 것은 역시 이 뜻이다.

오직 그 하늘의 經이라고 하는 것은 소이 아버지를 섬김이 孝이므로 하늘을 섬기는 것도 밝고, 땅의 義라는 것은 어머니를 섬김이 孝이므로 땅을 섬기는 것도 살펴서 한다는 것이다.

明은 氣象이 큰 것이니 총명과 슬기가 비치지 않는 곳이 없고, 察은 工夫가 자세하고 文理가 周密하여 살피지 않는 곳이 없다는 것이다.

長幼順은 부모 섬기는 마음을 미루어 행하는 것이고, 上下治는 하늘과 땅을 섬기는 마음을 미루어 행하라고 하는 것이다.

대개 이것은 천지를 섬기는 마음으로 미루어 행하고 보니 長幼와 尊卑가 하나로 그 차례를 잃지 않고 보면 사람의 도리가 다 할 것이요, 그 효도를 지극하게 한다면 三光이 온전하며, 춥고 더운 것이 화평하여서 天道가 맑고, 산천과 귀신이 역시 모두 편안하지 않은 것이 없으며, 鳥獸와 魚鼈이 함께 즐거워하여 地道가 편안하다. 이른바 神明이라고 하는 것은 곧 조화의 功用이니, 天地를 섬겨서 이와같은 데에 이른다고 하면 어찌 양양하게 그 위에 있는 것과 같고 그 좌우에 있는 것과 같지 않겠는가. 이는 역시 옛날 현명한 임금의 일이 이와같고, 이후에 세상에 天子가 된 사람은 마땅히 이것을 본받아야 할 것이다.

반드시 높은 사람이 있다고 하는 말은 아버지가 있다는 말이니, 아버지를 섬기고 어머니를 孝로써 섬긴다고 하는 두 구절을 인용한 것이요, 반드시 먼저 할 데가 있다고 한 것은 형이 있다는 말이니, 어른과 어린 아이가 順하다는 한 구절을 인용한 것이다.

누가 부모가 없으리요마는 모두 孝를 할 수 있는 것이다. 누가 형과 어른이 없으리요마는 모두가 우애할 수 있는 것이다. 또한 이런 마음을 위로 미루어 쓰게 되면 비단 부모를 섬기는 데만 그렇게 할 것이 아니라 심지어 宗廟를 받들고 先祖를 섬기는 데까지도 그렇지 않은 것이 없는 것이니, 모름지기 나의 몸을 세우는 도리를 다할 뿐이다.

몸을 닦고 삼가 행한다고 하는 것은 이 역시 부모를 섬기는 일이 여기에 벗어나지 않기 때문에 사람의 자식된 자는 手足 한 번만 놀리는 데도 감히 자기 부모를 잊지 말아야 하며, 말 한번 하는 데에도 감히 부모를 잊지 말고 오직 한마디의 말, 한가지의 행동이라도 잘못되어 그 부모를 욕되게 하지 않을까 두려워 하여야 한다.

만일에 종묘를 섬기는 데에 정성과 공경을 다하고 본다면 이것은 그 마음이 크게 나타나는 것으로서 내 속에 간직하였던 효와 우애의 마음을 채워 그 지극한 데에까지 이르고 보면 숨어서는 가히 神明에 통할 것이요, 나타나게는 가히 四海에 빛나서 통하지 않는 곳이 없게 될 것이다.

그렇기 때문에 文王이 有聲篇을 인용해서 여기에 비유한 것이다. 아아! 이 道가 어질고 효도하고 정성스럽고 공경하는 마음이 지극하지 못하다고 하면 어찌 여기에 미치겠는가. 하늘과 사람의 道가 분명하며 서로가 感應하는 이치가 자세하니, 이 章을 읽는 자는 반드시 깊이 체득하여 묵묵히 기억할지니라.

【語義】 ○明王(명왕) : 두터운 德을 지니고 事理에 밝아 事物을 잘 분별하여 백성을 바른 길로 이끄는 왕. 어진 임금. 「禮記」의 哀公問篇에 "옛날 三代의 明王의 정치는 반드시 그 처자를 공경해서 道가 있었습니다. 妻라는 것은 어버이의 주인이니 감히 공경하지 않을 수 있겠습니까? 아들이라는 것은 어버이의 뒤이니 감히 공경하지 않을 수 있겠습니까? 군자는 공경하지 않는 것이 없는 법이니 자기 몸을 공경하는 것을 크게 여겼습니다. 몸이라는 것은 어버이의 가지이니 감히 공경하지 않을 수 있겠습니까? 그 몸을 공경할 수 없다면 이는 그 어버이를 손상시키는 일이니 그 어버이를 손상시키는 것은 그 근본을 손상시키는 일입니다. 그 근본을 손상시킨다면 가지는 따라서 죽게 되는 것입니다. 그러므로 이 세 가지는 백성의 본받을 바입니다. 몸으로써 몸에 미치고 자식으로써 자식에게 미치며, 아내로써 아내에 미치는 것이니, 임금께서 이 세 가지를 행한다면 곧 천하에 教化가 퍼질 것입니다. 이것이 곧 大王의 道이니 만일 이와같이 한다면 국가가 잘 다스려질 것입니다.(昔三代明王之政 心敬其妻子也有道 妻也者親之主也 敢不敬與, 子也者親之後也 敢不敬與 君子無不敬也 敬身爲大 身也者親之枝也 敢不敬與 不能敬其身 是傷其親 傷其親 是傷其本也 傷其本 枝從而亡 三者百姓之象也 身以及身 子以及子 妃以及妃 君行此三者則愫乎天下矣, 大士之道也 如此則國家順矣)라고 한 것을 볼 때 三代의 明王은 天下를 順하게 하는 근본을 親族 관계의 기본이 敬에 있고,

父子·夫婦·自身에 있어 敬이 없으면 부모를 상하게 하고 그렇게 되면 근본이 상하게 되는 까닭에 그 근본을 소중히 여겨야 가지가 번성한다는 원리를 경에 두고 있음을 본다.

○事天明(사천명) : '明'은 日月의 合字로 光明을 나타낸 字이다. 그러므로「説文」에 照也라 하였다. 古代에 天祭를 지낼 수 있는 사람은 오직 王뿐이고, 하늘을 섬김에 있어 明을 다한다는 것은 天神에 대해 敬을 다한다는 뜻이다.

○事地察(사지찰) : '察'은 위에서 아래를 끊임없이 애써 살펴본다는 뜻이다. '照'가 위에서 아래를 비추는 것과 뜻이 통하는 것이다. 地神에 대해 敬을 다하는 것이다.

○長幼順(장유순) : 어른과 어린이, 年長者와 年少者 사이에 차례가 있어 그 질서를 무너뜨리지 않고 자연의 順理에 따름을 말한다.「禮記」의 文王世子篇에 "어른을 어른으로 대우하기 때문이다. 이리하여 여러 사람들이 장유(長幼)의 예절을 알게 된다(長長也 然而 知長幼之節矣)"라 하고, 또 "부자, 군신, 長幼의 道가 바르게 이루어지면 나라는 바르게 다스려지는 것이다(父子, 君臣, 長幼之道得 而國治)라" 하고, "庶子라는 관직은 公族의 자제를 교도하여 孝悌, 親和, 友愛의 정신을 가르쳐서 父子의 도리와 長幼의 질서를 밝히는 것이다(庶子之正於公族者 教之以孝悌, 睦友, 子愛 明父子之義 長幼之序)라 하여 親族 사이에 孝悌와 公族 사이에 長幼가 다같이 중시되고 있다.

○彰(창) : '나타나다'의 뜻.「古文孝經」에는 '章'으로 되어 있다.

○無所不通(무소불통) :「古文孝經」에는 '無'가 '亡'으로 되어 있고 '通'은 '曁'로 되어 있다. 뜻은 통하지 않는 곳이 없다이다. 즉 孝悌가 지극하면 다 잘 통한다는 의미다.

○自西自東(자서자동) :「古文孝經」에는 自東自西로 되어 있다.

○無思不服(무사불복) : 孝悌가 지극하여 德이 있는 明王을 사모하여 따르지 않는 자가 한 사람도 없다는 뜻이다.「古文孝經」에는 '無'字가 '亡'字로 되어 있다.

◎ 上은 傳之十章이니 釋天子之孝하다.

⊙ 위는 傳文의 열째 章이니, 天子의 孝를 해석하다.

〔註〕 朱子曰 有格言焉.

【註釋】 주자(朱子)는 이르기를, "격언에 있는 것이다."고 하였다.

傳之十一章

傳之十一章
(今文廣揚名章第十四)

○子曰 君子之事親이 孝라. 故로 忠可移於君이요, 事兄이 悌라. 故로 順可移於長이요, 居家理라. 故로 治可移於官이니 是以로 行成於内하여 而名立於後世矣니라. (長·行 去聲)

◉ 공자(孔子)께서 말씀하시기를, "군자는 부모를 섬기는 것이 효도스럽다. 그러므로 그 효심을 충성으로 임금에게 옮길 수 있고 형을 섬기는 것이 공손하다. 그러므로 그 공손한 마음을 공순으로 어른에게 옮길 수 있고, 집에 있어서 집안을 잘 다스린다. 그러므로 그 마음을 다스림으로 관(官)에 옮길 수 있나니, 이로써 행실이 안에서 이루어져서 이름을 후세에 세우는 것이니라." 하셨다. (長·行은 去聲이다.)

〔註〕名은 非君子所尙也라. 又曰 君子이 疾沒世而名不稱焉이라 하니 聖人이 豈敎人以好名哉시리오. 名者는 實之賓이니 有其實者는 必有其名하니 苟沒世而名不見稱이면 則是終其身이라도 無爲善之實矣니 是以로 君子이 疾之하시니 苟疾其名之不稱이면 當常恐其實之不至하여 孜孜勉焉이 可也니라. 夫子는 於此에 廣其義하사 以終經言立身揚名旨하시니 謂爲君子者之於事親에 苟極其孝矣니 以孝事君則忠이라. 故로 忠可移於君이오. 事兄에 苟極其悌矣니 以敬事長則

順이라. 故로 順可移於長이오. 居家에 苟極其理矣니 惟孝友于兄悌
하여 克施有政이라. 故로 治可移於官이나 事君者는 事親之推也요, 事
長者는 事兄之推也요, 居家者는 居家之推也니 根固者는 棄必茂하
고 源深者는 流必長하고 膏沃者는 光必燁하나니 是以로 孝悌之行
이 成於內하고 忠順之道는 達於外라. 君子는 務實하고 雖不求名이
나 而州閭鄕黨이 稱其孝하며 兄弟親戚이 稱其慈하며 僚友는 稱其
悌하며 執友는 稱其仁하며 交遊는 稱其信하여 不惟譽藹於一時라.
而且名立於後世矣니라. 舜이 在側微하시고 又處頑父嚚母傲弟之間
하시되 而能和以孝道하시니 是以로 帝堯가 聞之하시고 四岳이 擧之
하시고 天下이 君之하고 萬世師之하니 豈有他哉리오. 孝悌而已矣니
所謂以顯父母者는 豈有過於此哉리오.

【註釋】 "이름이 나는 것을 군자는 숭상하지 않는다." 했고, 또 "군자는
죽은 뒤에 이름이 나지 않는 것을 미워한다." 하였으니, 聖人이 어찌
사람들에게 이름나는 것을 좋아하는 것으로써 가르친단 말이겠는가?
   이름이라는 것은 실지를 쫓는 것이다. 그 실지가 있는 것은 반드시
그 이름이 있나니, 진실로 죽어서도 이름이 나타나 일컬어지지 않는다
면 바로 그 몸을 마치더라도 선을 한 실지가 없는 것이다. 이로써 군자
가 이를 미워하는 것이다. 진실로 그 이름이 일컬어지지 않는 것을 미
워하면 마땅히 항상 자기의 행실이 이르지 않는가 두려워하여 부지런
히 힘쓰는 것이 옳을 것이다.
   공자께서는 이에 있어 그 뜻을 넓히시니 이로써 마침내 입신양명(立
身揚名)의 뜻을 바르게 말씀하셨다. 말하자면 군자된 자가 부모를 섬
기는데 있어 진실로 그의 효도를 다할 것이다. 효심으로써 임금을 섬기
면 충성이 된다. 그러므로 그 효심을 충성으로 임금에게 옮길 수 있고,
형을 섬기는데 진실로 그의 공손을 다할 것이다. 공경으로써 어른을 섬
기면 공순한 것이다. 그러므로 공순으로 어른에게 옮길 수 있고, 집에
있음에 진실로 그의 다스림을 다할 것이다. 오직 부모에게 효도하고 형
제간에 우애하여야 충분히 정사에 있어 베풀게 된다. 그러므로 다스리
는 것을 벼슬살이에 옮길 수 있는 것이다. 임금을 섬기는 것은 부모를

섬기는 마음을 推移해서 하고, 어른을 섬기는 것은 형을 섬기는 마음을 推移하는 것이다.

　뿌리가 단단한 나무는 잎이 반드시 무성하고, 샘이 깊은 것은 물이 흘러감이 반드시 길고, 기름진 것은 빛이 반드시 빛난다. 이로써 효도하고 우애하는 행실이 집안에 이루어지고, 충성하고 공순하는 도리가 밖으로 통달한다.

　군자는 실지에 힘쓰고 비록 이름을 구하지 않으나 州閭鄕黨이 그를 효자라 일컬으며, 형제친척이 그를 인자하다고 일컬으며, 동료들이 우애한다고 그를 어질다고 일컬으며, 벗과 사귀어 노는데 그를 신의가 있다고 일컬어서 오직 일시에만 그 명예가 퍼지는 것이 아니라, 또한 이름을 후세에까지 세우는 것이다.

　舜이 불행한 가정에 태어나고, 또 완악한 아버지, 사나운 어머니, 오만한 아우들 틈에 살았지만 능히 효도로써 집안을 화순하게 하였으니, 이로써 堯임금이 이 사실을 듣고 四岳들이 천거하고 천하가 임금으로 받들고 만세의 사람들이 스승으로 모시니, 어찌 딴 것이 있겠는가? 孝悌가 있을 뿐이다. 이른바 이로써 부모의 이름을 드러나게 한 자로 어찌 이보다 나은 이가 있겠는가?

【語義】○君子(군자) : 부모를 잘 섬기어 효도하는 學德이 많은 선비라는 뜻으로, 여기서는 임금도 잘 섬기어 충성을 다하고 다른 사람의 모범이 되는 훌륭한 인격의 소유자를 말한다. 「古文孝經」에는 君子다음에 ‘之’字가 없다.

　○事親孝(사친효) : 어버이를 효로써 섬기는 것이나, 여기서는 이 효를 옮겨서 임금에게 충성을 다 할 수 있는 것을 전제로 하고 말한 것이다.

　○事兄悌(사형제) : 형을 공경으로 섬기는 것이나, 여기서는 그 공경을 長上에게 옮겨 공순으로 섬기는 것을 전제로 하고 말한 것이다. 즉 親族의 차례의 和順을 公族의 長幼의 차례의 和順으로 옮기는 것이다. 「古文孝經」에는 ‘悌’字가 ‘弟’字로 되어 있다.

　○居家理(거가리) : 집안에 있어 그 집안을 다스리는 것이다. ‘理’는

治의 뜻으로 제가(齊家)를 의미한다. 여기서는 齊家하는 마음을 나라에 옮겨 治國에 힘써서 平天下 하기를 바라고 한 말이니, 집안을 단속하여 잘 다스리는 것이 얼마나 중대한 일인가를 말한 것이다.

　○內(내)：집안(←가정·가문)을 말한 것이다. 즉 조정과 국가에 대한 對比의 말이다. 안으로는 종족과 종묘의 일이 있고, 밖으로는 조정의 일과 백성을 보살피는 일이 있다. 「禮記」의 哀公問篇에 "안으로는 이것으로 종묘의 禮를 다스리고, 이로써 천지의 신명(神明)에 짝하기에 족하며, 나아가서는 이로써 直言의 예를 다스려 이로써 상하(←君臣)의 공경함을 세우기에 족하다(內以治宗廟之禮 足以配天地神明 出以治直言之禮 足以立上下之敬)고 하여 內는 집안으로서 外와의 구분을 하고 있고, 內則篇에 內의 법도가 소상하고 엄격하다.

◎ 上은 傳之十一章이니 釋立身揚名及士之孝하다.

◉ 위는 傳文의 열한째 章이니, 몸을 세우고 이름을 드날리는 것과 선비의 효도하는 방법을 해석하였다.

傳之十二章

傳之十二章
(古文閨門章一)

○子曰 閨門之內에 具禮矣乎인저. 嚴父와 嚴兄이요, 妻子臣妾이 猶百姓徒役也니라.

◉ 공자(孔子)께서 말씀하시기를, "집안에서도 예의가 갖추어져야 한다. 집안에 엄한 아버지와 엄한 형이 있으면 처자와 노비는 백료(百僚)와 도역(徒役)과 같으니라.

〔註〕 此는 因上章에 言以治家之道로 而推之於一國하시니 此章에 又以治國之道로 而施之於一家하시니 蓋閨門之內는 恩當掩義하고 至於治國之道하여는 則以義而斷恩하나니 傳者之意는 恐其閨門之內에 狎恩特愛하여 易以格於親愛昵比之私라. 故로 謂雖處閨門之內나 一國之理가 實具焉이라. 嚴父는 有君之道하고 嚴兄은 有長之道하고 妻子臣妾은 即百姓徒役也니 以此施之면 則義有以制私하여 尊卑内外이 整整然其有條理矣리니 此는 實治國之要道也니라.

〔註釋〕 이는 上章에서 말한 집안 다스리는 道를 옮겨 한 나라를 다스린다는 말을 인용하여 다시 이 章에서 나라 다스리는 도로써 한 집안을 다스리는 것을 말하였다.

　대개 집안이라고 하는 것은 당연히 恩愛가 의리를 가리게 된다. 또 이와 반대로 나라 다스리는 道에 이르게 되면 의리로만 따져서 恩愛가 끊어지는 것인즉, 여기에서 말한 뜻은 혹 집안에서 은혜와 사랑에만 빠져 사사로운 데에 빠지기 쉬울까 두려워 하였기 때문에 비록 집안에서 처리하는 일이라고 하여도 한 나라를 다스리는 이치가 모두 갖추어져야 한다고 강조한 것이다.

　엄한 아버지는 임금의 道가 있고, 엄한 兄은 어른의 道가 있으며 처자와 신첩은 곧 백성이나 徒役이니 이로써 시행해 가면 의리가 사사로운 마음을 제어하여서 존귀와 비천과 안과 밖이 整然한 條理가 있게될 것이므로 이것이 실로 국가를 다스리는 要道이다.

【語義】○閨門(규문)：침실의 입구. 부녀자가 거처하는 방. 轉하여 가정, 집안. 「釋名」의 釋宮에 보면 宮中의 門은 闈(위)라고 하며, 그 중 작은 것을 閨라 칭한다 하였다. 위는 둥글고 아래는 내모진 모양이 마치 ‘圭’와 倣似하여 門에다 圭를 합하였다는 것이다. 因하여 出入門 안에 있는 여자의 居屋을 가리키게 되었다. 閨門之內는 一家를 말한 것이다.

　○具禮(구례)：禮를 갖춤. 한 집안의 사람들이 각기 禮法을 잘 지켜서 온 집안에 禮法이 갖추어져 있는 것이다.

　○臣妾(신첩)：臣은 남자 종을 말하고, 妾은 여자 종을 말한 것이다. 한 집안에서 부리는 하인과 하녀도 한 가족으로 본 것이다.

　○猶百姓(유백성)：「古文孝經」에는 ‘猶’가 ‘猣’로 되어 있다. 뜻은 ‘같다’ ‘유사하다’로 相通한다.

　○徒役(도역)：인부. 의무적으로 공공(公共) 사업에 종사하는 인부. 국가 잡역에 징발된 사람.

◎ 上은 傳之十二章이라.

◉ 위는 傳文의 열두째 章이다.

〔註〕朱子曰 此因上章 三可移而言嚴父孝也 嚴兄弟也.　妻子臣妾官也,　或云宜爲十章.

【註解】주자(朱子)가 이르기를, "이것은 上章의 세 가지를 가히 옮겨야 한다는 말을 인용하여서 엄한 아버지란 효도요, 엄한 형이란 우애요, 처자와 신첩은 벼슬하는 법을 말한 것이다. 이것은 혹 열째 章이 되어야 한다."고 하였다.

傳之十三章

傳之十三章
(今文諫爭章第十五)

○曾子曰 若夫慈愛恭敬과 安親揚名은 參이 聞命矣어니와 敢問從父之令이 可謂孝乎잇가.(夫音扶 令去聲 今文作則問下今文有子字)

◉ 증자(曾子)가 여쭈어 말하기를, "무릇 자애(慈愛)와 공경(恭敬) 그리고 부모를 편안하게 하여 드리고 양명에 힘써야 함은 이미 익히 들었습니다. 감히 여쭙거니와 자식으로서 아버지의 명령을 따르기만 하면 효(孝)라 할 수 있겠습니까?"(夫의 音은 扶이고, 令은 去聲이다.「今文孝經」에는 '問'字 다음에 '子'字가 있다.)

〔註〕夫子가 敎曾子以孝하시니 曾子이 一歎孝之大하시고 次問無以加於孝어시늘 夫子가 皆詳告之하시니 孝之始終이 備矣라. 惟幾諫一節은 言之未及하시니 曾子이 於是에 包攝夫子之所己言者하사 謂若夫慈愛恭敬과 安親揚名凡此之道는 則旣得聞夫子之敎命어니와 敢問爲人子者는 一以順從으로 爲孝하니 然則父母이 有命令이어시든 將不問可否하고 而悉從之然後에 可以爲孝잇가. 此는 曾子之善問也라. 慈愛는 如養致其樂이오. 恭敬은 如居致其敬이오. 安親은 不近兵刑이오. 揚名은 如立身行道하여 揚名於後世之類라.

【註釋】　공자(孔子)께서는 증자에게 孝로써 가르치니 증자는 그 孝의 큼에 한번 감탄하고 다음으로 여기에 더 보탤 것이 없는가 물어 본 것이다.

공자께서는 모두 상세하게 들려주었으므로 이것으로써 효의 始終이 갖추어졌다고 여겼던 것이다. 그러나 오직 부모에게 諫한다고 하는 한마디는 아직 말하지 않았으니, 이에 증자는 이미 공자께서 말씀하신 모든 것을 종합해서 말을 한 것이다.

慈愛하는 것과 恭敬하는 것과 安親하고 揚名하는 모든 도리는 이미 선생님께서 가르쳐 주신 것을 잘 들었습니다. 감히 여쭙고자 하는 것은 사람이 남의 자식이 되어 한결같이 부모의 명령에 순종만 하면 이것으로 효도라고 할 수 있겠습니까. 그렇다고 하면 부모가 무엇이든지 명을 내리기만 하면 할 수 있고 없고를 물어볼 것 없이 그 말대로 시행하기만 하면 효도가 되겠습니까. 이렇게 증자가 물은 것은 잘 한 것이다. 즉 慈愛는 부모를 봉양하는 즐거움을 다 하는 것이요, 恭敬은 살아 계시는 동안 그 공경을 다하는 것이며, 安親은 자기의 몸이 형벌을 받는 일을 가까이 하지 않는 것이요, 揚名은 자기의 몸을 세우고 도를 시행해서 이름을 후세까지 드날리는 것을 말한 것이다.

【語義】　○諫爭(간쟁)：諫은 임금 또는 웃어른에게 충고하는 것이고, ‘爭’은 「説文」에 ‘引也’라 했다. 諫爭은 直言하여 충고함으로써 사람으로 하여금 깨닫게 하여 善으로 引導하는 것이다. 「禮記」內則에 “부모에게 과실이 있으면 아들은 애써 마음을 진정하고 안색을 부드럽게 하여 목소리를 낮추어서 諫한다. 諫해도 들어주지 않으면 더한층 정중하게 부모를 받들고 부모의 기분이 좋아지면 다시 간한다. 가령 부모의 기분을 상하게 할지라도 (부모가) 죄를 범하고 鄕黨으로부터 비난을 받는 것보다는 되풀이해서 간하여 부모를 성나게 하는 편이 낫다. 부모가 성을 내어 지팡이나 회초리로 맞아서 피가 흘러도 참고 견디며 미워하거나 원망하지 않고 더 한층 공손히 받드는 것이다.((父母有過下氣怡色 聲以諫 諫若不入 起敬起孝 説則復諫 不説與其得罪於鄕黨州閭寧 孰諫 父母怒不説而撻之流血 不敢疾怨 起敬起孝)라고 한 것을 보면

부모나 임금에게 諫하기가 결코 쉬운 것이 아님을 알 수 있다. 「荀子」臣道篇에 "군주의 계략이나 사업에 과실이 있어 국가가 위험에 빠지고 社稷이 멸망할 우려가 있는 경우, 大臣이나 君主의 一族 가운데 長老되는 사람이 군주에게 진언하여 그것이 받아들여지면 좋지만 받아들여지지 않으면 그 나라를 떠나는 일이 있는데 이것을 諫, 즉 간한다고 하는 것이다.

또 어떤 사람이 군주에게 진언하여 그것이 받아들여지면 좋지만 받아들여지지 않으면 받아들여질 때까지 다투다가 죽는 일이 있는데, 이것을 爭, 즉 다툰다고 하는 것이다. 또 어떤 사람이 많은 사람들의 지혜를 합치고 능력을 모아 群臣을 통솔하여 함께 군주의 과실을 억지로라도 고치게 하여 군주 자신은 불만이지만 결국 받아들이지 않을 수 없도록 함으로써 마침내 국가의 크나큰 재해를 없애고 군주의 존엄과 국가의 安泰를 성취하는 일이 있는데, 이것을 輔, 즉 돕는다고 하는 것이다. 또 어떤 사람이 군주의 명령에 반항하고 군주의 권력을 훔치고 군주의 사업에 반대함으로써 위험에 빠진 국가를 안전하게 하고 군주의 치욕을 제거하여 그 공적이 국가의 크나큰 이익을 이루기에 충분한 일이 있는데, 이것을 拂, 즉 거역하여 바로잡는다고 하는 것이다. 그러므로 이와같이 諫爭輔拂을 하는 사람은 社稷의 臣, 즉 국가에 없어서는 안 될 臣이며, 國君의 보물이며, 현명한 군주가 존중하는 인물이다. 그러나 어리석은 군주는 그러한 신하들을 오히려 자신에게 해를 입히려는 자들로 생각한다. 그러므로 현명한 군주가 포상하는 인물은 어리석은 군주가 벌하는 인물이며, 어리석은 군주가 포상하는 인물은 현명한 군주가 사형에 처하는 인물이다.(君有過謀過事 將危國家殞社稷之懼也 大臣父兄 有能進言於君 用則可不用則去 謂之諫 有能進言於君用則可不用則死 謂之爭 有能比知同力 率群臣百吏而相與彊君撟君 君雖不安不能不聽遂以解國之大患 除國之大害 成於尊君安國 謂之輔 有能抗君之命 竊君之重 反君之事以安國之危 除君之辱 功伐足以成國之大利謂之拂 故諫爭輔拂之人 社稷之臣也 國君之寶也 明君之所尊 所厚也 而闇主惑之爲己賊也 故明君之所賞 闇君之所罰也 闇君之所賞 明君之所殺也)

○若夫(약부) : 이것의 쓰임은 두 가지가 있는데, 첫째는 連詞로서 다른 화제를 제시하는 것을 나타내고, 下句나 下段의 첫머리에 쓰이며, '…에 이르러'라고 해석하며, 둘째는 語氣詞로서 구의 맨 앞에 쓰이고, 이론을 제기하려는 것을 나타내며, 단독으로 쓰이는 '夫'와 거의 비슷하다. 번역할 필요는 없다. 여기서 쓰인 경우는 둘째에 해당한다.

○恭敬(공경) :「古文孝經」에는 '恭'이 '龔'으로 되어 있고, 뜻은 通用한다.

○參問(삼문) :「今文孝經」에는 '參'이 '則'으로 되어 있다. 參은 曾子의 이름이며 스승이 제자의 이름을 부를 때에는 사랑하는 제자에 대한 친애의 정을 나타낸다.

○子曰 是何言與요, 是何言與오. 昔者에 天子有爭臣七人이면 雖無道나 不失其天下하고 諸侯有爭臣五人이면 雖無道나 不失其國하고 大夫 有爭臣三人이면 雖無道나 不失其家하고 士有爭友하면 則身不離於令名하고 父有爭子하면 則身不陷於不義니 故로 當不義하면 則子不可以不爭於父며 臣不可以不爭於君이라. 故로 當不義則爭之니 從父之令이 又焉得爲孝乎리오.(與平聲 爭諍同離令並去聲 焉於處反)

◉ 공자(孔子)께서 말씀하시기를, "이 무슨 말이냐. 이 무슨 말이냐? 옛적에 천자는 간쟁하는 신하 七人만 있으면 비록 자신이 무도(無道)하다 하더라도 그 천하를 잃지 않을 것이고, 제후는 간쟁하는 신하 五人만 있으면 비록 자신이 무도하다 하더라도 그 나라를 잃지 않을 것이며, 대부는 간쟁하는 신하 三人만 있으면 비록 자신이 무도하다 하더라도 그 가정을 잃지 않을 것이며, 선비에게는 간쟁하는 벗이 있으면 그 몸에서 아름다운 명성이 떠나지 않을 것이며, 아버지에게 간쟁하는 자식이 있으면 그 몸이 불의에 빠지지 않을 것이다. 그러므로 불의를 당하면 자식으로서는 아버지에게 간쟁하지 않을 수 없고, 신하로서는

임금에게 간쟁하지 않을 수 없는 것이니, 그러므로 불의를 당하면 간쟁해야 하는 것이니, 아버지의 명령만 따른다 하여 더구나 어찌 효라 할 수 있겠는가?” 하였다. (與는 平聲이다. 爭과 諍은 같은 뜻이다. 離와 令은 아울러 去聲이다. 반문하는 곳에 焉을 쓴다.)

【註】見非而從이면 成父不義하여 有害於孝니 理所不可라. 夫子이 故重言是何言與하사 以戒之하시니 謂而從父之令으로 爲孝이 是何等言고 不可以訓也라. 曾子이 本以從父之令으로 爲問하시니 夫子가 又推而廣之하사 自天子로 至於庶人이 爲臣子者이 見君父之過하고 皆不可以苟順而不諫諍하나니 故로 昔者에 天子가 必爭臣七人이면 則雖無道나 亦可以不失其天下하고 諸侯이 必有爭臣五人이면 則雖無道나 亦可以不失其國하고 大夫가 必有爭臣三人이면 則雖無道나 亦可以不失其家라. 天子는 有天下四海之大와 萬幾之繁하니 善則億兆가 蒙其福하고 不善則宗祀가 受其禍하나 故로 必有諫諍之臣하여 以救過而後에야 可하니라. 古者에 立誹謗之木하고 設敢諫之鼓하여 大開言路하며 廣集忠益하니 諍臣이 豈止七人而已哉리오. 夫子가 姑約而言之耳시니라. 若次於天子하여 爲諸侯하고 又次於諸侯하여 爲大夫하니 國小於天下하여 其事이 必簡故로 五人而可하고 家小於國하여 其事이 又簡故로 三人而可하니 其實은 諫不厭多요, 非必以數拘也라. 下至於士則無臣하고 未爲大夫則無家하고 所有者이 身이오. 所賴者이 友니 故로 士以友諍이면 則身不離於令命하고 父以子諍이면 則身不陷於不義라. 人之大倫이 有五하니 君臣父子가 爲之首하고 而朋友가 居其末하니 君臣朋友는 皆以人合하고 惟父子는 爲天屬之親하니 臣之忠愛其君者는 以道事君하다가 不可則止하고 友之忠愛其友者는 忠告而善道之하다가 亦不可則止로되 若子之於父엔 無可止之義라. 故로 曰 君有過則諫이니 三諫而不聽則去하고 親有過則諫이니 三諫而不聽則號泣而隨之니라. 又曰 事父母하되 幾諫하여 見志를 不從하고 又敬不違하며 勞而不怨하고 起敬起孝하여 悅則復諫하여 積誠以感動之하여 必其從而後에 已하나니 此則人子愛親之至에 終欲其歸於至善하니 又有非臣與友之所得爲者라. 自士以下로 雖

謂庶人이나 然이나 天子諸侯大夫士之子가 均爲子也며　均爲父也니
父若有過어시든 子必幾諫하고 無諛之諍臣諍友可也니라.　夫子이 是
以로 總言之曰 故로 當不義하면 則子不可以弗爭於父며 臣不可以弗
爭於君이라 하시니 先父子而後君臣은 其旨가 深矣니라.　又曰 故로
當不義則爭之니 從父之令이 又焉得爲孝乎리요 하시니　所以結一章
之旨하사 而終言是何言與之義也시니라.　爭은 義當從諍하니 諫之大
者라.　諫而不入이면 則犯顔하고 引義以爭之하여 不聽이라도 則不止
也니라.

【註釋】 아버지가 그르다는 것을 알고도 그대로 따르면 이는 제 아버지
를 不義로 몰아 넣어서 효도에 해롭게 되는 것이므로 이치에 옳지 못
한 일이다.　그렇기 때문에 여기서 증자가 묻는 데에 대하여　공자께서
는 거듭 말씀하시기를, "그게 무슨 말이냐?"고 말씀하시어 경계한 것
이니, 즉 아버지의 말대로만 따른다 해서 그게 효도가 된다 하니 '이
무슨 말이냐'고 훈계를 한 것이다.

　증자가 본래 아버지의 命에 순종하는 것으로 물으니 공자께서는　이
것을 미루어 더 넓혀서 말씀하신 것이다.

　천자로부터 서인에 이르기까지 남의 자식된 사람은 그　아버지의　잘
못을 보거든 그대로 무조건 순종하지 말고 諫하고 다투어야 한다. 그렇
기 때문에 옛날에 천자는 반드시 爭臣이 七人만 있으면 비록　자기는
道가 없어도 또한 가히 그 천하를 잃지 않을 것이며, 제후는 반드시 爭
臣이 五人만 있으면 비록 자신은 道가 없다고 하더라도 또한 가히 그
나라를 잃지 않을 것이며, 대부는 반드시 爭臣 三人만 있으면 자신은
비록 道가 없더라도 가히 집을 잃지 않을 것이다.

　천자에게는 천하와 四海의 큰 것과 만가지 일을 처리하는　번거로움
이 있는 터이니 천자 자신이 잘 하면 억조창생(億兆蒼生)이 그 복을 힘
입게 될 것이요, 잘못된 것 같으면 종사(宗祀)도 그 앙화(央禍)를　입
게 될 것이다. 그렇기 때문에 반드시 諫爭하는 신하가 있어서 그 과실
을 고치도록 한 연후에라야 일이 옳게 되는 것이다.

　옛날에는 誹謗하는 나무를 세우고 諫하는 북(皷)을 만들어서　言路

를 크게 열어 놓고 충성되고 유익한 말을 하는 사람을 널리 구하였으니 諫하는 신하가 어찌 七人에만 그쳤겠는가 ?

여기에서 공자께서는 이것을 대략만을 말한 것이다. 다음으로 제후에 이르고 또 그 다음으로 대부에 이르러서는 나라가 천하보다 작기 때문에 일도 필연적으로 간략할 것이니 諫하는 신하도 五人이면 족할 것이요, 집에 이르러서는 나라보다 더 간략하기 때문에 三人이면 족할 것이니 그 실상은 諫한다는 것이 반드시 많아야 하는 것이 아니기 때문에 數에 구애될 필요가 없다.

아래로 士에 이르면 신하가 없고 다만 자신의 몸이 있을 뿐이며, 대부는 집은 없어도 몸이 있어 힘입을 데란 벗밖에 없다. 그러므로 士는 벗이 있어 諫하여 주면 그 자신의 아름다운 이름이 떠나지 않을 것이며, 아버지에게 諫하는 자식이 있으면 몸소 불의에 빠지지는 않게 될 것이다.

사람에게는 다섯 가지 큰 인륜이 있으니, 임금과 신하, 아버지와 자식 사이가 첫머리가 되고 벗이 끝을 차지한다. 그러나 임금과 신하 친구와 친구 사이는 모두 사람으로서 합하고 오직 아버지와 자식 사이만은 하늘이 붙여준 가까운 사이기도 하다. 그런 때문에 신하는 충성과 사랑으로 그 임금을 섬기다가 되지 않으면 중지하고, 친구를 위하여 충고를 하고 잘 인도하다가 되지 않으면 또한 중지하되, 만일에 자식이 저의 아버지에게 대하여서는 안된다고 중지하면 이것은 옳지 않다. 그런 때문에 임금에게 과실이 있어서 세 번 諫하다가 듣지 않으면 물러 가거니와, 부모에게 과실이 있으면 세 번 諫하여 듣지 않으면 울부짖으며 따르는 것이다.

또 공자께서 말씀하시기를, "부모를 섬기되 여러번 諫하여도 따르지를 않거든 또 공경함을 어기지 않고 수고로워도 원망하지를 않으며 또 공경을 興起하고 효도를 興起하면서 부모가 기뻐하거든 다시 諫하여 제 자신의 정성을 쌓아 부모를 감동시켜 자기가 諫하는 말을 따르도록 한 뒤에 그만 두도록 해야 한다. 이는 사람의 자식으로 하여금 부모를 사랑하여 마침 내는 지극히 착한데로 돌아가도록 하는 것이니, 이것은 역시 남의 신하나 친구들로서는 할 수 없는 일이다. 士 이하를 비록 庶

人이라고는 하지만 천자, 제후, 대부, 士의 자식이 다 자식되기는 균등하며 아버지 되는 것이 균등하니, 만일에 아버지에게 과실이 있다고 하면 자식은 반드시 몇번이고 諫할 것이요, 다투는 신하나 다투는 벗에게 미루지 말아야 한다.

공자께서는 이렇기 때문에 다 이를 말씀하신 것이다. 그러므로 옳지 않은 일을 당하면 자식으로서 아버지에게 諫하지 않을 수 없고, 신하로서 임금에게 諫하지 않을 수 없다. 그러나 공자께서 또 여기에서 아버지와 자식 사이를 먼저 말하고, 임금과 신하 사이를 뒤에 말한 것은 그 의미가 깊다고 할 것이다. 또 말씀하시기를, 그러므로 옳지 않은 일을 당하면 다투는 것이니, 아버지의 命만을 따르는 것이 어찌 효도일 수 있겠는가? 이것은 한 章의 뜻을 결론 지은 것으로서 끝으로 “이게 무슨 말이냐고 한 뜻을 끝맺은 것이다.” 하였다.

爭의 뜻은 諍과 마찬가지이니 諫보다도 더 큰 것이다. 諫하여도 그 말을 받아들이지 않으면 싫어하더라도 다른 말을 인용하여 가면서 다투어서 듣지 않더라도 끝내 그치지 말아야 하는 것이다.

【語義】 ※ 子曰 다음에 ‘參이여’ 하고 공자께서 제자의 이름을 불렀는데 「今文孝經」에는 ‘參’字가 없다.

○是何言與(시하언여) : 이 무슨 말이냐. 너무 뜻밖의 말에 놀라는 기분을 반사적으로 나타내는 말.

○言之不通耶(언지불통야) : 내 말의 의미를 이해하지 못하는가. 또는 내 말을 알아듣지 못하는가. 耶는 의문사. 그런데 「今文孝經」 과 「孝經大義」에는 이 다섯 글자가 없다.

○爭臣(쟁신) : 君主의 과실을 강력하게 諫하는 신하. 윗사람의 옳지 못한 판단을 위험을 무릅쓰며 올바른 도리로써 諫하는 사람. 「荀子」의 子道篇에 “魯나라 哀公이 공자에게 질문하기를, ‘자식이 아버지의 명령에 따르는 것이 孝인가? 신하가 主君의 명령에 따르는 것이 忠인가?’ 하고 세 번이나 물었다. 그러나 공자께서는 대답하지 않았다. 공자께서는 그 자리에서 물러나오자 제자인 子貢에게 물었다. ‘아까 主君이 내게 자식이 아버지의 명령에 따르는 것이 孝인가? 신하가 主君

의 명령에 따르는 것이 忠인가? 하고 세 번 물으셨으나, 나는 대답하지 않았다. 賜야. 너는 어찌 생각하느냐?’ 子貢이 대답했다. ‘자식이 아버지의 명령에 따르는 것이 孝이며, 신하가 主君의 명령에 따르는 것이 忠입니다. 그런 것은 선생님께서 대답하실 일이 못됩니다.’ 그러자 孔子께서는 이렇게 대답했다. ‘賜야. 이런 것도 모르다니, 小人이로구나. 옛날 戰車 一萬 대를 보유하는 天子의 나라에서는 主君에게 諫言하는 신하 넷이 있으면 외국으로부터 영토를 침범당할 염려가 없고, 戰車 一千 대를 보유하는 제후의 나라에서는 군주에게 諫言하는 신하 셋이 있으면 나라가 安泰하고, 戰車 一百 대를 보유하는 大夫의 집안에서는 主人에게 諫言하는 신하 둘이 있으면 一家가 존속하고 아버지에게 不正을 諫하는 자식이 있으면 아버지는 禮에 어긋나는 행위를 하지 않으며, 士人에게 不義를 諫하는 친구가 있으면 士人은 不義를 범하지 않는다. 그러니 자식이 무조건 아버지의 명령을 따르는 것을 어찌 孝라 할 수 있으며, 신하가 무조건 主君의 명령을 따르는 것을 어찌 忠이라 할 수 있겠는가? 따라야 할 것인가, 따르지 않아야 할 것인가를 道義에 비추어 잘 생각한 다음에 행동하는 것이 孝이며 忠이다.”(魯哀公問於孔子曰 子從父命孝乎 臣從君命貞乎. 三問, 孔子不對, 孔子趨出. 以語子貢曰 鄕者君問丘也曰, 子從父命孝乎, 臣從君命貞乎, 三問而丘不對 賜以爲何如, 子貢曰 子從父命孝矣, 臣從君命貞矣, 夫子有奚對焉, 孔子曰 小人哉 賜不識也, 昔萬乘之國有爭臣四人. 則封疆不削, 千乘之國有爭臣三人 則社稷不危 百乘之國有爭臣二人 則宗廟不毀 父有爭子 不行無禮 士有爭友 不爲不義 故子從父 奚子孝 臣從君 奚臣貞, 審其所以從之之謂孝 之謂貞也)라 하였는데, 爭臣이라는 관직이 제도로서 존재했음을 말해주는 것이다.

　○七人(칠인) : 孔安國傳에 “七人은 三公과 前疑·後丞·左輔·右弼을 말한다. 이 七宮은 天子의 곁에서 보좌하며 天子의 잘못을 諫하여 바로잡는 일을 주로 한다.”고 했다. 周나라 제도에서 天子는 七로, 제후는 五로, 大夫는 三으로 차등을 두었던 것이 특징이다. 당시에 중요시 했던 宗廟의 제도에 있어서도 천자는 七廟, 제후는 五廟, 大夫는 三廟, 士는 一廟를 세운다고 했으며, ‘천자는 死後 七日째에 殯葬하고

七개월째에 장사지낸다. 제후는 五日째에 殯葬하고 五개월째에 장사
지낸다, 대부・士・庶人은 三日째 殯葬하고 三개월째 장사지낸다.'(天
子七日而殯, 七日而葬, 諸侯五日而殯 五月而葬, 大夫士庶人三日而殯
三月而葬←「禮記」의 王制篇에)라 하였다. 역시 제도적으로 차등을 두
었음을 잘 나타내고 있다.

　○無道(무도) : 도리(道理), 윤리도덕(倫理道德)에 벗어나는 행위,
즉 여기서 말하는 無道란 先王의 至德, 要道를 따르지 않고, 爭臣이
諫하는 말을 따르지 않는 것이다. 「古文孝經」에는 '無'字가 '亡'字로
되어 있다.

　○五人(오인) : 제후의 爭臣은 五人이다. 天子가 임명하는 고경(孤
卿) 및 나라의 三卿과 大夫를 합쳐 五人이다.

　○三人(삼인) : 大夫의 爭臣 三人은 家相, 宗老, 側室을 말한다.

　爭友(쟁우) : 충고하고 諫하여 과실을 바로잡아 善導해 주는 친구, 責
善하는 친구.

　○令名(영명) : '令'은 善美의 뜻. 아름다운 명성. 좋은 명예, 이름.
令德이 있어서 令名이 있는 것이다.

　○不義(불의) : 바른 道에 어긋나는 행위. 사람으로서의 道에 어긋
나는 행위. 無道한 행위. 「古文孝經」에는 '義'字가 '誼'字로 되어 있
다.

　○子不可以不爭於父(자불가이부쟁어부) :「古文孝經」에는 '於'字가
'于'字로 되어 있다. 아버지에게 도리에 어긋나는 일이 있으면 자식은
어떤 일이 있어도 아버지에게 諫하지 않으면 안됨. 「禮記」坊記篇에
공자께서 말씀하셨다. '명령에 따라서 분한 마음을 갖지 않고, 서서
히 諫해서 게으르지 않고, 수고로워도 원망하지 않아야 孝라고 할 것
이다.'(子云 從命不念 微諫不倦 勞而不怨 可謂孝矣)라고 하였고,   또
內則篇에 '부모에게 과실이 있으면 아들은 애써 마음을 진정하고 안색
을 부드럽게 하며 목소리를 낮추어서 諫한다. 諫해도 들어주지 않으면
더한층 정중하게 부모를 받들고, 부모의 기분이 좋아지면 다시 간한다.
가령 부모의 기분을 상하게 할지라도 (부모가) 죄를 범하고 향당(鄕黨)
으로부터 비난받는 것보다는 되풀이해서 간하여 부모를 성나게 하는 편

이 낫다'(父母有過 下氣怡色 柔聲以諫 諫若不入起敬起孝　說則復諫 不說與其得罪於鄕黨州閭 寧孰諫)고 하여, 아버지에게 諫하는 자식의 도리를 밝히고 있다.

　○又焉得爲孝乎(우언득위효호) : 「古文孝經」에는 ‘焉’이　‘安’으로 되어 있다. ‘焉’은 代名詞로서 ‘安’과 통하고 의문을 나타내며,　특히 동사나 조동사 앞에 쓰이면 狀況語가 되며,　반문을 나타내고 ‘어떻게’ ‘어째서’라고 해석한다.　‘焉~乎’는 ‘어찌 ~하겠는가’의 용법. ‘又焉 得爲孝乎’는 ‘또한 어찌 효라 할 수 있겠는가 ?’이다.

◎ 上은　傳之十三章이라.

◉ 위는 傳文의 열셋째 章이라.

〔註〕 朱子曰 不解經而別發一義.

【註釋】 주자(朱子) 이르기를, “ ‘經’을 해석하지 않으면 또 다른 한 뜻 이 일어난다.”고 하였다.

傳之十四章

傳之十四章
(今文喪親章第十八)

○子曰 孝子之喪親은 哭不偯하며 禮無容하며 言不文하며 服
美不安하며 聞樂不樂하며 食旨不甘하나니 此는 哀戚之情이라.
(偯於豈反不樂音洛)

◉ 공자(孔子)께서 말씀하시기를, "효자가 그 부모상을 당하면 곡소리
가 그치지 않으며, 사람 앞에서 예(禮)를 함부로 하지 않으며, 말을 번
잡스럽게 하지 않고, 고운 옷을 입으면 불안하고, 음악을 들어도 즐겁
지 아니하며, 맛있는 음식을 먹어도 입에 달지 아니하니, 이것은 슬퍼
하고 서러워하는 정 때문이니라."(어찌 돌이키지 못하는가 하여 운다. 樂
의 音은 洛이다.)

〔註〕君子에 有三樂하니 父母俱存이 居其首則人間에 至樂이 無有
大於此者矣 一旦에 不幸而死하시면 乖吾之大樂하니 豈不爲大哀乎
아. 吾之一身을 父母生之하시니 本同體也라. 存歿이 頓異는 骨肉
이 睽離하니 寧不爲大痛乎아. 夫子가 於是에 申言孝子 之喪其親也
하사 哀痛之極에 發於聲하여 爲哭하니 其哭也이 不偯는 氣竭而盡
하여 不能委曲也라. 動於貌이 爲禮니 其禮也이 無容은 觸地局脊하
여 不能爲容也라. 出於口이 爲言하니 其言也이 不文은 內憂愛情하

여 不能爲文也라. 服衣之美하되 有所不安하고 聞樂之和하되　有所
不樂하고 食味之旨하되 有所不甘하니 無他라. 人子之心이　念念痛
親之死而已니 豈復計吾之生哉리오.　故로 寢苦枕塊하며 服衰麻하며
食溢米하여 苟延殘喘於天地間이 己爲過矣니 耳目之接과　口體之奉
을 尚何心乎이 夫子이 故言此而結之曰 此哀戚之情이라 하시니 蓋謂
此乃人心自有之情이요,　非聖人強之也시니라.

【註釋】 군자에게는 세 가지 즐거움이 있는데, 이 세 가지의 즐거운 일
중에서 부모가 구존(俱存)한다는 것이 제일 첫머리에 있는 것은, 즉 인
간으로서의 지극한 즐거움이 이보다 더 큰 것이 없기 '때문이다. 그런데
부모가 불행히도 하루 아침에 돌아가시어서 나의 큰 즐거움을　망치고
보면 어찌 큰 슬픔이 아니겠는가.

　내 한 몸을 부모가 낳으셨으니 근본은 한몸이라 살고 죽는 것에　갑
자기 변화가 생기면 골육이 어긋나는 것이니, 어찌 크게　아프지　않겠
는가. 그렇기 때문에 공자께서는 이에 거듭 말씀하였다.　효자가 부모
상을 당하면 지극히 애통한 나머지 큰 소리를 내어 곡을　하는 것이니,
곡(哭)을 그치지 않는 것은 기운이 다하여 그만두게 되고 제 마음대로
아무때나 그치지 않는다.

　얼굴에 나타나는 것이 예법인데, 그 예법을 나타냄이 없는 것은 엎드
려 구부려서 말할 수 없는 모습을 한다는 것이다.

　입에서 나오는 것이 말인데, 말이 되어 나오지 않으니 안에서　북받
치는 근심이 슬픈 정으로 나타나 능히 말을 이루지 못한다는 것이다.

　아름다운 옷을 입어도 몸이 편안하지 않고, 화락한 음악을 들어도 즐
겁지 않고, 맛있는 음식을 먹어도 입에 달지 않으니, 다름이 아니라 사
람의 자식된 마음에 부모가 죽은 것을 절절히 애통해할 뿐이니 어찌 내
가 살 것을 생각하리오. 그렇기 때문에 갈대자리에 자고, 흙덩이를 베
며, 굵은 삼베옷을 입고, 미음죽을 먹어 억지로 생명을 지탱하는 것도
오히려 허물로 여긴다.

　그러므로 귀와 눈에 접하는 것이나, 입과 몸을 봉양하는 것을　어떻
게 생각하리잇가.

공자께서는 이렇게 말을 하여 끝을 맺었다. 이것은 슬퍼하는 인정에서 나오는 것이니, 대개 사람의 마음 속에 본래부터 있는 정이요, 聖人이 억지로 시키는 것이 아니다.

【語義】 ○喪親(상친) :「說文」에 '喪'은 '亡'이라 했다. '亡'은 원래 도망한다는 뜻이었는데, 차츰 죽음의 뜻을 가지게 되었다. 喪親은 어버이를 영영 잃는다는 뜻으로, 부모의 죽음을 이른다.「古文孝經」孔安國傳에 "부모가 돌아가시면 참최(斬衰)를 입고 우거(憂居)한다. 이것을 喪親이라 한다."고 했다.(父母没斬衰 居憂謂之 喪親也) 喪服 중에서도 가장 지극한 것은 斬衰이며 다음이 齊衰이다.

○哭不偯(곡불의) : 哭은 '哀聲也'라 했다. 우는 소리가 애절함을 나타내는 것이다. 눈물만 흘리며 소리없이 흐느껴 우는 것을 '泣'이라 한다. '偯'는 울음소리가 가늘고 길게 꼬리를 끄는 것이라 한다.「古文孝經」에는 '不偯'가 '不依'로 되어 있다. 뜻은 모두 같다.「禮記」閒傳에 "斬衰의 哭은 기절했다가 다시 깨어나지 못하는 것처럼 하고, 재최(齊衰)의 곡은 기절했다가 깨어나는 것처럼 하며, 대공의 곡은 한번 소리를 내어 세 번 꺾고 여운이 있는 것처럼 하고, 소공·시마에는 슬픔을 나타내면 된다. 이는 슬픔의 발로가 음성에서 나타난다는 것이다."(斬衰之哭 若往而不反, 齊衰之哭 若往而反, 大功之哭　三曲而偯, 小功緦麻 哀容可也 此哀之發於聲音者也)라고 한 것에서　喪의 차등, 슬픔의 차등이 보인다. 또「禮記」雜記下에 "曾申이 아버지인 曾子에게 물었다. '부모의 喪에 있어서 哀哭할 때 그 소리에 규칙이 있습니까?' 증자가 대답하기를, '길에서 幼兒가 어머니를 잃고 울 때 그 소리에 무슨 규칙이 있겠느냐. 부모의 죽음에 애고하는 것도 그와 같다.'라고 말했다.(曾申問於曾子曰 哭父母 有常聲乎 曰 中路嬰兒失其母焉 何常聲之有) 부모를 잃어 다시는 못보는데, 곡성에 구애될 게 무엇이겠는가? 울다가 지쳐 울음소리 끊어짐이 한스러울 따름이다.

○禮無容(예무용) : 容은 容儀, 容貌, 모습, 無容은 容儀를 다듬지 않은 것.「古文孝經」孔安國傳에 '喪事를 당해서는 容儀를 質素하게 하고 슬픔을 주로 한다.'라 했다.(喪事質素 無容儀 所以主於哀也)　또

「禮記」問喪篇에 "상례는 오로지 슬픈 것을 위주로 한다. 여자는 곡을 하며 눈물을 흘리며 슬퍼하고 가슴을 치며 마음을 상한다. 남자는 곡을 하며 눈물을 흘리며 슬퍼하고 머리가 땅에 닿도록 몸을 굽혀 모양이 없다. 슬픔이 지극한 것이다."(喪禮唯哀爲主矣 女子哭泣悲哀 擊胸傷心 男子哭泣悲哀 稽顙觸地無容 哀之至也)라 했다. 슬픔의 표현을 어찌 정해서 할 것인가? 슬픔에 잠긴 사람이 어떻게 容儀에 마음이 있겠는가.

○言不文(언불문) : 말을 꾸미지 않음. '文'은 교묘한 말재주를 뜻한다. 「古文孝經」孔安國傳에 "말을 할 때에 꾸미지 않는다. 斬衰의 喪에 服하는 사람의 말은 대답만 하고 말을 하지 않는 것을 말을 꾸미지 않는다고 하는 것이다"(發言不文飾其辭也 斬衰之言 唯而不對 所以爲不文也)라 했고, 「禮記」閒傳篇에 "참최에는 오로지 응대(應待)만 할 뿐 대답하는 말을 하지 않으며, 재최에는 대답은 하되 다른 말을 하지 않는다. 대공에는 말은 하지만 이것 저것 다른 이야기는 하지 않으며, 소공·시마에는 다른 일을 이야기하지만 즐기는 데에는 이르지 않는다. 이는 슬픔의 발로가 언어에서 나타나는 것이기 때문이다"(斬衰唯而不對 齊衰對而不言 大功言而不議 小功緦麻 議而及樂 此哀之發於言語者也)라 하여 슬픔이 主가 되는 것이므로 말을 적게 하였다는 것이 보인다.

○服美不安(복미불안) : 아름다운 옷을 입어도 오히려 몸과 마음이 편안하지 않은 것. 孔安國傳에 '美는 금수성복(錦繡盛服)을 말한다.'라 했다.(美謂錦繡盛服也) 美는 美服. 服美는 아름답고 훌륭한 옷을 입는 것. 「禮記」問喪篇에 "비통함이 마음에 있음으로 입은 무엇을 먹어도 달지 않고, 몸은 아름답고 훌륭한 옷을 입어도 마음이 편안하지 않다"(痛疾在心 故口不甘味 身不安美也)라 하여 효자가 부모를 잃고 슬픔을 이기지 못하고 비통해함을 설명해 주는 것이다.

○聞樂不樂(문악불락) : 음악소리를 들어도 즐겁지 않다. 당연히 즐거워야 할 음악소리가 즐겁지 않은 것은 부모 잃은 비통함에 여유있는 마음이 있을 수 없음을 말하는 것이다.

○食旨不甘(식지불감) : 맛있는 음식을 먹어도 도무지 맛이 없다. 비통한 마음을 이기지 못하여 입맛을 잃는 것을 말하며, 제대로 먹을 마

음의 여유가 없는 것을 말한 것이다. 「禮記」閒傳篇에 "참최하는 三日동안 먹지 않고, 재최에는 이틀동안 먹지 않으며, 대공에는 세 번 먹지 않고, 소공·시마에는 두 번 먹지 않는다. 선비가 斂을 모시고 있는 동안은 한 번도 먹지 않으니, 그러므로 부모의 상에 있어 이미 염이 끝나면 비로소 죽을 먹는다. 아침에 한 줌의 쌀과 저녁에 한 줌의 쌀로 죽을 먹는다. 재최의 상에는 거친 밥을 먹고 물을 마시며 채소나 과실을 먹지 않는다. 대공의 상에는 초와 장을 먹지 않는다. 소공·시마에는 단술을 먹지 않는다. 이는 슬픔이 음식 먹는데 나타난 것이다.

　부모의 상에는 이미 虞祭를 지내고 卒哭도 지내고 나면 거친　밥에 물을 마시지만 채소나 과일은 먹지 않는다."(斬衰三日不食 齊衰二日不食 大功三不食 小功·緦麻再不食 士與斂焉則壹不食 故父母之喪 旣殯食粥 朝一溢米 莫一溢米 齊衰之喪 疏食水飮 不食菜果　大功之喪 不食醯酒, 此 哀之發於飮食者也.　父母之喪 旣虞卒哭 疏食水飮 不食菜果)라 했고, 또「論語」陽貨篇에 재아가 물었다. '삼년의　상은 기한이 너무 오래입니다. 군자가 삼년이나 예를 지키지 못하면 예가 망쳐질 것이고, 삼년이나 음악을 못하면 음악이 쇠퇴해질 것입니다. 그러니 이미 묵은 곡식이 없어지고 햇 곡식이 났으며, 불씨를 일으키는 수나무를 바꾸어 뚫어 새 불씨를 일으킨 바에야 복상도 일년으로 끝내는 것이 좋을 것입니다.'

　공자께서 재아에게 되물었다. '일년 만에 쌀밥을 먹고 비단옷을 입는 것이 네 마음에 편하냐?' '편합니다.' '네 마음이 편하거든 그렇게 해라. 원래 군자란 상중에 있을 때는 맛있는 것을 먹어도 달지 않고 음악을 들어도 즐겁지 않고 편히 처해 있어도 편하지 않기 때문에　그렇게 하지 않는 것이다. 그러나 이제 네 마음이 편하다면 그렇게 해라.'

　재아가 나가자 공자께서 말씀하셨다. '여는 참으로 인애롭지 못하다. 자식은 나서 삼년이 되어야 비로소 부모의 품에서 벗어나듯 부모의 상을 삼년 모시는 것은 천하의 상례법이다. 여도 자기 부모로부터　삼년동안 사랑을 받았을 터인데!'(宰我問… 三年之喪期已久矣 君子三年不爲禮 禮必壞 三年不爲樂 樂必崩 舊穀旣没 新穀旣升 鑽燧改火 期可已矣' 子曰…'食夫稻 衣夫錦於女安乎?' 曰'安'　女安則爲之

夫君子之居喪 食旨不甘 聞樂不樂 居處不安 故不爲也 今女安則爲之
宰我出 子曰 予之不仁也 子生三年然後免於父母之懷 夫三年之喪 天
下之通喪也 予也 有三年之愛於其父母乎)라고 하였다. 어찌 삼년 상
을 길다고 하며, 상중에 편하고 잘 먹기를 바라랴. 부모는 자식에게 무
조건의 사랑을 베푼다. 그렇다면 자식도 父母를 그만큼 사랑하고 報恩
하는 것은 갚는다는 以上의 人倫이요, 인간의 인간다운 보람이 아니겠
는가.

○三日而食은 敎民無以死傷生이며 毁不滅性이니 此聖人之
政이라.

◉ 삼일만에 음식을 먹는 것은 백성들에게 죽은 사람 때문에 산 사람을
상하지 않게 하고, 나머지 목숨을 잃지 아니하도록 가르치기 위함이니,
이것이 성인의 다스림이니라.

〔註〕禮에 三年之喪에 三日不食이라 하니 過三日則傷生矣니 所以
三日而食者는 謂敎天下之人하되 無以哀死而至於傷生하며 雖毁瘠이
나 而不滅其性이니 性者는 人之所受於天以生者也니 性中에 有仁하
니 仁之發은 主於愛하니 愛莫大於愛親이라. 父母이 存에 而愛敬之
者는 根於性也요, 父母이 歿에 而哀戚之者도 亦根於性也니 若以哀
戚之過로 而傷生이면 是는 性可滅也니 性可滅이면 則生人之類이 滅
矣라. 此는 聖人之爲政에 所以爲生民立命也시니라.

〔註釋〕禮에 三年의 喪에 三日을 먹지 않는다 하였으니, 이는 三日이
지나면 생명이 상하는 것이다. 그렇기 때문에 三日이 지나면 음식을 먹
는 것은 천하 사람들을 가르쳐, 죽음을 슬퍼함으로써 생명을 상함이 없
게 하고 비록 수척하기는 하더라도 생명을 잃게 해서는 안되기 때문이
다.
　사람의 성품이란 하늘에서 받아 태어나는 것이니, 그 성품 속에는 본

래 어진 마음이 있고, 어진 마음의 발로는 사랑하는 데에 주장하니 부모를 사랑하는 것보다 더 큰 사랑은 없다.

　부모가 살아 계실 때 사랑하고 공경하는 것은 어진 성품에 근본하는 것이요, 부모가 죽어서 애통하고 슬퍼하는 것도 역시 어진 성품에 근본하는 것이니, 만약에 지나친 애통과 슬픔으로 생명을 상하게 한다면 이것은 성품을 없애는 것이니, 성품을 없애면 즉 산 사람의 씨가 없어질 것이다. 이것은 聖人이 정사를 하는데 生民을 위하여 명령을 세운 것이다.

【語義】 ○三日而食(삼일이식) : 부모가 돌아가신 후 三日 동안은 음식을 먹지 않는 것을 말한다. 三日을 지나 소렴·대렴을 마치고 입관을 해야 비로소 죽을 먹는다. 三日 동안은 부모가 소생하여 돌아오기를 기다리는 것이다. 「禮記」 問喪篇에 어떤 이가 묻기를, "죽어 사흘이 지난 뒤에 염(斂)하는 것은 어째 서인가요?" 하면 대답하기를, "효자는 부모가 돌아가실 때 슬프고 애통하고 뜻이 답답하므로 땅에 배를 깔고 기며 곡을 하고 장차 살아날 것만 같으니 어찌 빼앗아서라도 이를 염하지 않겠습니까?" 한다. 그러므로 사흘이 지나 염을 하는 것은 이로써 살아나는 것을 기다리는 것이요, 사흘이 되어도 살아나지 않으면 역시 살아나지 못하는 것이다. 효자의 마음 역시 더욱 더 쇠해진다. 집안 사정에 맞는 장례 비용과 의복을 갖추는 일도 이루며, 친척 중 멀리 있는 자도 또한 오게 된다. 이런 까닭으로 성인(聖人)이 이를 위해 결단하여 三日로써 예의 제도를 삼은 것이다.(或問曰 死三日而后 斂者何也 曰 孝子親死 悲哀志懣 故匍匐而哭之 若將復生然 安可得奪而斂之也 故 曰 三日而后斂者 以俟其生也 三日而不生 亦不生矣 孝子之心 亦益哀矣 家室之計衣服之具 亦可以成矣 親戚之遠者 亦可以至矣 是故 聖人爲之斷決 以三日爲之禮制也)라 하여 三日을 禮로 정한 까닭을 밝히고 있다.

　○以死傷生(이사상생) : 부모의 죽음을 비통해한 나머지 자식의 생명을 손상시키는 것을 말한다. 「古文孝經」에는 '生'字 다음에 '也'字가 있다. 「禮記」 曲禮上에 "거상(居喪)하는 예절은 몸이 헐고 수척한 정

도가 뼈가 드러날 정도가 되어서는 아니되고, 視力과 聽力이 쇠잔해지
는데까지 이르게 하지는 않는다(居喪之禮 毁瘠不形 視聽不衰)라고 했
으니 너무 슬퍼한 나머지 건강을 해치기에 이르도록 하지는 않게 했음
을 본다.

○毁不滅性(훼불멸성) : '毁'는 부모의 죽음을 너무 슬퍼해서 몸이
수척해 지는 것. '滅性'은 부모의 죽음을 너무 슬퍼하다가 생명을 잃게
되는 것을 말한다. 「禮記」 曲禮上에 "居喪하는 禮는 상주의 머리에
부스럼이 있으면 머리를 감으며, 몸에 종기가 있으면 몸을 씻으며, 병
이 있으면 술도 마시고 고기도 먹지만 병이 그치면 다시 처음과 같이
술도 마시지 않고 고기도 먹지 않는다. 슬픔으로 인해서 치료를 소홀
히 하여 喪을 견디어내지 못하는 것은 곧 자손에게 慈愛하지 않고 부
모에게 孝道하지 않는 것에 견주게 되는 것이다."(居喪之禮 頭有創則
沐 身有瘍則浴 有疾則飲酒肉食 疾止復初 不勝喪 乃比於不慈不孝)
라고 했으니, 슬퍼하고 비통해 하더라도 건강과 생명을 잃어서는 안되
는 것을 말하는 것이다.

○聖人之政(성인지정) : 「説文」에 '政'은 '正也'라 했다. 政은 바르
게 되도록 두드린다는 뜻이니 백성을 督察하는 의미가 들어 있다. 正은
바르고 정당함의 뜻이니 곧 政治의 道이다. 「古文孝經」 '傷生'字 다
음에 '也'字가 있고, '政'字 다음에 '也'字가 있으며, '政'字는 '正'
으로 되어 있다. 통용되는 字이므로 의미상에는 다름이 없다. 「論語」
에도 政者, 正也라는 말이 있다.

○喪不過三年은 示民有終이니 爲之棺槨衣衾하여 而擧之하며
陳其簠簋하여 而哀戚之하며 擗踊哭泣하여 哀而送之하며 卜
其宅兆하며 而安厝之 爲之宗廟하여 以鬼享之하며 春秋祭
祀하여 以時思之하니.

◉ 居喪이 三年을 넘지 않게 한 것은 백성들에게 끝이 있음을 보여 주

는 것이다. 관(棺)과 곽(槨)과 의금(衣衾)을 만들어 장사(葬事) 지내고, 그 제기(祭器)를 진설(陳設)하여 슬퍼하며, 곡읍(哭泣)하고, 벽용(擗踊)하여 슬프게 지내며 택조(宅兆)를 골라 편히 모시고, 종묘를 만들어 영혼을 섬기며, 춘추(春秋)로 제사지내어 때때로 사모하는 것이니라.

〔註〕此는 又自聖人之政으로 而詳之하시니라. 人親之亡也에 孝子之心이 何有限量이리오마는 然而遂之면 是는 無節也라. 故로 聖人이 爲之立其中制하사 不過三年은 所以示民有終極也라. 其始死也에 爲之棺以周衣하며 槨以周棺하며 衣衾以周身然後에 擧而斂之 其將葬也에 陳其簠簋하며 奠以素器하되 而不見親之在하여 則傷痛而哀戚之하고 其祖錢也에 女擗男踊하여 號哭涕泣하여 而不忍親之去하여 則悲哀而往送之하고 爲墓於郊에 不可苟也하여 則人之니라. 塚穴曰宅이오. 墓域曰兆라. 必得吉而安厝之하니 此皆愼終之禮也요, 爲廟於家 必有制也하여 則爲之라. 三年喪畢에 遷主於墓하여 始以鬼而禮享之하며 及其久也하여는 寒暑變遷하면 益用增感하여 春秋祭祀하여 以寓時思하니 此追遠之禮也요, 至於忌日하여는 不用하니 所謂君子가 有終身之喪하니 念親之意이 果何有窮已哉리오. 此聖人之政이 因人之情하여 爲之節文하여 使過之者는 俯就하고 不至者는 跂及也니라.

【註釋】이는 또 스스로 성인의 정사를 상세하게 설명한 것이다. 부모가 죽는다고 하면 효자로서의 마음에 애통하기가 어찌 한량이 있겠는가. 그러나 이것을 끝없이 하면 이는 절도가 없는 것이다. 그러므로 聖人은 이것을 생각해서 그 제도를 맞게 만들어 三年을 지나지 않으니 이는 백성들에게 끝이 있다는 것을 보여 준 것이다. 처음에 사람이 죽으면 옷과 이불을 만들어 몸을 싸서 棺에 넣고 槨을 만들어 棺을 싼 연후에 장사를 지내는 것이다.

　장사를 지내는 데는 祭器를 진설하고 흰 그릇으로 음식을 올리되 부모가 계시지 않은 것을 보면 마음이 아프고 속이 상해서 애통하고 슬퍼

하는 것이다. 그 부모를 조전(祖餞)함에 여자는 가슴을 치고,　남자는
땅을 발로 구르며 호곡(號哭)하여 눈물을 흘리고 부모가 떠나가는　것
을 차마 보지 못하여 슬퍼하며 보내고, 교외(郊外)에 묘를 쓰되 아무
곳이나 하는 것이 아니라 골라서 좋은 자리로 하는 것이다. 총혈(塚穴)
을 宅이라 하고, 묘역(墓域)을 兆라 한다. 반드시 좋은 날을 잡아 편
안하게 모시는 것이니,　이는 모두 마지막의 예를 삼가하는 것이다. 집
에 사당(廟)을 모신다고 하는 것은 반드시 따로 만들 수 있으면　그렇
게 하는 것이다. 三年 복상(服喪)이 끝나면 신주(神主)를 묘로 옮겨서
비로소 鬼神의 예로 모시며, 이것이 또 오래되어 춥고 더운　것(寒暑)
이 여러번 변천을 하면 더욱 감동할 마음이 더하여 봄과 가을에　제사
를 지내어 때때로 부모를 사모하니 이는 추원(追遠)하는 예가 된다. 기
일(忌日)에 이르러서는 더욱 애통해 하는 마음을 그치지 않으니　이른
바 군자는 종신토록 상중에 있는 몸이니 부모 생각하는 마음이 과연 끝
이 있겠는가.　이같은 聖人의 정사는 사람의 情으로 인하여 節文을 만
들어 지나친 자는 숙여서 나아가게 하고, 이르지 못하는 자는　따르게
한 것이다.

【語義】○喪不過三年(상불과삼년) : 효자가 服喪하는 기간은　三年을
넘지 않도록 하는 것을 법으로 정해 놓은 것이다. 햇수로는　三年이나
실제로는 二十五개월이다. 「禮記」三年問篇에 "장차 저 수식(脩飾)의
君子가 되겠는가? 三年의 喪은 二十五개월이면 끝난다. 이것은 마치
사마(駟馬)가 문틈으로 지나가는 것과 같은 것이다.　그런데 여기에 따
른다면 이것은 다함이 없는 것이다. 그런 때문에 先王이　이를 위해서
中道를 세우고 예절을 제정해서 한결같이 예문을 이루어 제상(除喪)하
게 한 것이다(將由夫 脩飾之君子與, 則三年之喪 二十五月而畢 若駟
之過隙 然而遂之 則是無窮也 故先王焉爲之立中制節　壹使足以成文
理 則釋之矣)라고 했고, 三年問篇에 공자께서 말씀하시기를, "자식이
태어난지 三年이 된 뒤에라야 비로소 부모의 품을 떠난다. 대체로 三
年의 喪은 천하의 공통된 복상(服喪)의 禮이다."(孔子曰 子生三年　然
後免於父母之懷 夫三年之喪 天下之通喪也)라 했고, 또　三年問篇에

"三年의 상은 二十五개월로 끝난다. 애통하는 것이 다하지 못하고 사모(思慕)하는 마음을 잊을 수가 없으나 그런데도 복상(服喪)을 이것으로 끊는다는 것은 어찌 죽은 이를 보내는 일에 끝이 있고, 生時로 돌아오는 일에 節度가 있는 것이 아니겠는가."(三年之喪　二十五月而畢 哀痛未盡 思慕未忘 然而服以是斷之者 豈不送死有已 後生有節也哉)라 하여 人情의 輕重에 알맞게 禮法을 制定하여 부모에 대한 사모의 情을 제한 했음을 알 수 있는 것이다.

○棺槨(관곽)：棺은 內棺으로 시체를 넣는 棺이고, 槨은 外棺으로 시체를 넣은 내관을 넣는 바깥 棺이다. 존비귀천에 따라 관도 차이가 있었다. 「禮記」檀弓上에 "장사지낸다는 것은 감춘다는 뜻이다. 감춘다는 것은 남들이 볼 수 없게 하려는 것이다. 그러므로 옷은 몸을 꾸미는데 넉넉하게 하고, 관에 옷을 넣으며 槨에 棺을 넣고 槨은 흙속에 넣어 감추는 것이다.(葬也者藏也 藏也者 欲人之弗得見也 是故衣足以飾身 棺周於衣 槨周於棺 土周於槨)

○衣衾而擧之(의금이거지)：衣는 입관하기 전에 시체에 입히는 斂衣이고, 衾은 시체를 싸는 홑이불과 같은 것이며, 擧之는 시체를 棺에 넣는 것을 말한다. 다시 말해 염을 해서 입관하는 것이다.「古文孝經」에는 '而'字가 '以'字로 되어 있다.

○陳(진)：진설(陳設)하는 것. 供物을 담은 祭器를 순서있게 차려 놓는 것.

○簠簋(보궤)：제사에 供物을 담는 祭器로, 簠는 밖이 모지고 안이 둥글고, 簋는 밖이 둥글고 안이 모진다고 하는데, 본래는 모두 대나무로 만든 것이었다고 한다.

○擗踊(벽용)：擗은 여자가 슬픔을 이기지 못해 가슴을 치는 것이고, 踊은 남자가 슬픔을 참지 못해 발을 구르는 것이다. 부모와 영결함에 슬픔이 극에 달한 것을 말한 것이다.

○哭泣(곡읍)：哭은 우는 음성이 애절한 것이고, 泣은 소리내어 울지 않아도 슬퍼서 눈물이 흘러내리는 것이다. 哭泣은 눈물을 흘리며 소리내어 슬피우는 것이다.「禮記」問喪篇에 "곡하여 눈물을 흘리는 것이 때가 없고, 服은 三年을 계속 입으며 사모하는 마음이 효자의 뜻

이라 인정의 實이 되는 것이다.… 그러므로 상례는 오로지 슬픈 것을 위주로 한다고 말한다. 여자는 곡을 하며 눈물을 흘리며 슬퍼하고, 가슴을 치며 마음을 상한다. 남자는 곡을 하며 눈물을 흘리며 슬퍼하고, 머리가 땅에 닿도록 몸을 굽혀 모양이 없다. 효자의 슬픔이 지극한 것이다"(故哭泣無時 服勤三年 思慕之心 孝子之志也 人情之實也 … 故曰 喪禮唯哀爲主矣 女子哭泣悲哀 擊胸傷心 男女哭泣悲哀 稽顙觸地無容 哀之至也)라 했는데, 哭泣은 슬픔의 표현이고 喪은 슬픔을 主로 하는 것이 禮에 합당한 것을 말한 것이다.

　○卜其宅兆(복기택조) : 점을 쳐서 묘 쓸 자리를 정하는 것을 말한다. '점을 치는 것은 宅兆 자리에 伏石漏水가 있는 것을 미리 피하기 위한 것이다'라고 孔安國傳에서 밝히고 있다.

　○安厝之(안조지) : 厝와 措는 같은 의미다. 厝는 置의 의미로 부모의 遺體를 넣은 柩를 안치할 墓穴을 정하여, 부모의 魂魄이 편안하기를 빌면서 넣는 것을 말한다. 草木의 씨앗이 땅에 묻혀 싹이 돋아 나오듯, 환생할 수 있다고 믿기 때문이다.

　○以鬼享之(이귀향지) : 人鬼를 鬼神에 대한 禮로써 제사지내는 것을 말한다. 사람은 죽으면 반드시 흙으로 돌아간다. 이것을 鬼라 한다. 「禮記」祭義篇에 "살아있는 사람들은 반드시 죽으며, 죽으면 또한 반드시 흙으로 돌아간다. 그와같이 죽은 인간 그것을 鬼라고 말한다. 사람이 죽으면 뼈와 살은 땅속에서 썩어 묻힌 채 野土가 되고, 氣는 하늘로 떠올라가서 영험한 신령의 무리 속에 들어간다"(衆生必死 死必歸土 此之謂鬼 骨肉斃于下 陰爲野土 其氣發揚于上 爲昭明)라 하여 鬼가 歸로부터 생겨남을 말하고 있다. 享은 鬼神에게 供物을 바쳐 제사를 드린다는 뜻과 鬼神이 제사에 바쳐진 공물을 받는다는 뜻이 있다. 여기서는 바친다는 뜻이다.

　○春秋祭祀(춘추제사) : 春秋는 春夏秋冬의 四時를 말한다. 「禮記」祭統篇에 "대체로 제사에는 四時가 있다. 봄제사를 祠이라 하고, 여름제사를 禴라고 하며, 가을 제사를 嘗이라 하고, 겨울 제사를 烝이라고 한다(凡祭有四時 春祭曰祠 夏祭曰禴 秋祭曰嘗 冬祭曰烝)라 했으니, 時節마다 조상에게 제사를 드렸음을 말하는 것이다.

○以時思之(이시사지)：時는 四時로 春夏秋冬을 말한다. 之는 돌아가신 부모를 가리킨다. 계절마다 부모를 생각하는 것은 효자에게 있어 평생토록 잊을 수 없는 슬픈 일이다. 그러므로 계절이 바뀔 때마다 부모를 그리는 정이 더욱 깊어지는 것이다. 時祭는 이런 사람의 심정을 禮法으로 정한 것이다. 「禮記」 祭義篇에 "가을 제사 때 이미 이슬이나 서리가 내리면 군자가 그것을 발로 밟으면 반드시 슬픈 마음이 생길 것이지만 그것은 기후가 추워서 그런 것이 아니다. 또 봄의 제사 때 이미 비와 이슬이 내려 땅이 축축해지면 군자가 이를 밟고 반드시 섬뜩 느껴지는 것이 마치 죽은 부모를 만나는 것과도 같은 것이다"(霜露旣降 君子履之 必有悽愴之心非其寒之謂也 春雨露旣濡 君子履之 必有怵惕之心 如將見之)라 하여 효자는 돌아가신 부모를 때마다 잊을 수가 없는 것을 말한 것이다.

○生事愛敬하고 死事哀戚에 生民之本이 盡矣며 死生之備矣니 孝子之事親이 終矣니라.

◉ 살아계실 때는 사랑과 공경으로 섬기고, 돌아가시면 슬픔으로 섬기니, 살아가는 백성으로서 근본을 다 행하는 것이며, 돌아가신 (부모에게나) 살아계실 때의 부모에게나 자식으로서 도리(道理)가 갖추어지는 것이다. 이로써 효자(孝子)가 부모 섬기는 일이 끝난다 할 것이다.

〔註〕此는 又合始終而言之하사 以結一書之旨하시니라. 孝子之事親也는 事死如事生하며 事亡如事存하니 於其生也에 事之以愛敬하고 於其死也에 事之以哀戚하니 生民之道이 孝悌爲本이 於此에 盡矣요, 養生送死에 其義爲大 於此에 備矣니 至此則孝子之事親에 其道이 終矣니라.

人之情이 有所愛하여 而所愛를 施於所親하니 一錢之錐도 視爲已物하여 必營護之하며 一飯之恩도 嘗爲已惠하여 必思報之하나니 父兮生我하시고 母兮鞠我하시니 父母之德을 較之一飯之恩컨댄 孰小

孰大며 父母之身을 比之一錢之錐컨댄 孰重孰輕하고 尚能思報一飯
之恩하며 營護一錢之錐하니 則所以思報父母하며 營護父母者는 宜
知所盡心而 竭力矣니라. 居則致 其敬하고 養則致 其樂은 生事愛敬也
요, 喪則致 其哀하고 祭則致 其嚴은 死事哀戚也라. 夫民이 幼者는
非壯則不長하고 老者는 非少則不養하고 死者는 非生則不藏하나니
人情이 莫不愛其親하여 愛之篤者는 莫若父子이어늘 聖人이 因天之
性하시며 順人之情하사 而利導之하사 教父以慈하고 教子以孝하사
使幼者로 得壯하며 老者로 得養하며 死者로 得藏하시니 是以로 民
이 不夭折棄捐하고 而咸遂其生하여 日以蕃息하여 而莫能傷하니 故
로 孝者는 生民之本也라. 古者에 葬之中野할새 厚衣之以薪하고 喪
無期數하더니 後世에 聖人이 爲之中制하시니 中則欲其可繼也요, 繼
則欲其可久也라. 措之天下에 而人이 共守之하니 此는 法之所以不
廢요, 人之所以無憾也라. 苴斬之服과 饘粥之食과 顏色之戚과 哭泣
之哀는 皆出於人情하여 不安於彼하고 而安於此하니 非聖人이 強之
也요, 三日而食하고 三年而除는 上取象於天하고 下取法於地하여 不
以死傷生하며 毀不滅性하니 因人情而爲之節也라. 死者는 人之大
變也라. 舉以斂之하며 哀戚而奠之하며 擗踊哭泣而送之하며 措之以
宅兆하며 享之以宗廟時思之以祭祀하여 情文이 盡於此矣니 所以常
久而不廢也라. 夫有生이면 必有死하고 有始면 必有終하나니 生事
以禮하며 死葬以禮하며 祭之以禮면 則可謂孝矣라. 故曰 死生之義
이 備矣오. 孝子事親이 終矣라 하시니 然이나 夫子此書를 雖以授
曾子하시나 而備言五孝之用하사 則自天子로 諸侯·卿大夫·士庶人
이 皆所通行이오. 而爲人上者이 又德教之所自出故로 一則曰 先王
이 有至德要道라 하시고 二則曰 明王이 以孝治天下라 하시고 三則
曰 明王이 事父이 孝하며 事母이 孝라 하시고 至末章則亦曰 教民無
以死傷生이라 하시고 又曰 示民有終也라 하시니 是則孝者는 天地之
經이요, 人道之本이니 誠有天下國家者之所先務也라. 故로 雖生事
葬祭貴賤이 有等하여 禮不可違나 而獨三年之喪은 自天子로 達於庶
人이 無貴賤一也니 聖人之爲生民慮者이 豈不深且遠哉아. 宰予가 學
於孔門하여 親受夫子之教하되 乃曰朞可己矣라 하니 又何怪齊宣王

之短喪과 漢文帝之日易月이리오.　自是而後로 習以爲常하여 爲人上
者이 如此하니 何以責其下哉리오.　尊信孟子는 惟一滕文公이니　雖
其父兄百官이 皆不欲曰 吾先君도 莫之行하시고 吾宗國魯先君도　亦
莫之行이라 하니 三年之喪을 能行者이 寡矣나 文公이　獨有感於孟
子에 親喪은 固所自盡之一語하여 排群議而力行之하니 然後에　百官
有司이 莫敢不哀하며 百官族人이 可謂曰 知라 하고　至於四方之來
吊者이 莫不大悅有其禮하니　秉彝好德之良心은　蓋甚昭昭乎不可泯也
니 然則感人心하며 厚風俗至德要道이니 何以加於孝哉리오.

【註釋】 여기에서는 또 禮의 시작과 끝을 합쳐 이 한 책(효경)의　취지
를 결론지었다.

　효자의 부모 섬기는 일은 죽은 뒤에 섬기는 것이 살아계실 때 섬기듯
이 하며, 안 계실 때 섬기는 것이 계실 때 섬기는 것처럼 하는 것이다.
　생전에는 사랑과 공경으로 섬기고, 사후에는　슬퍼하며 섬기니 백성
의 도리에 효도와 우애로 근본을 삼는다는 것이 여기에서 다 한다.　살
아 계실 때 봉양하고 돌아가시면 보내는 커다란 도리도 여기서 갖추어
진 것이니,　이에 따르면 효자가 부모 섬기는 도리가 끝이 나는 것이다.
　사람의 정에는 사랑하는 마음이 있으니,　이 사랑하는 마음을 부모에
게 베푸는 것은 당연하다.　한 푼어치도 안되는 송곳이라도 자기 물건으
로 만들기 위하여 반드시 이것을 간직하게 마련이요,　밥 한 그릇 얻어
먹은 은덕도 자기가 진 은혜로 생각하여 반드시 갚을 마음을 가지는 것
이다.　아버지께서는 나를 낳아 주시고 어머니께서는 나를 길러 주셨으
니, 부모의 이 은혜를 밥 한 그릇의 은혜와 비교하여 볼 때에 어느 것
이 크고 어느 것이 작겠는가? 또 부모의 몸을 한 푼어치도 못되는 송
곳과 비교하여 볼 때 어느 것이 重하고 어느 것이 輕하겠는가?　오히
려 밥 한 그릇의 은혜도 갚으려고 하고,　한 푼어치의 송곳도 주워서 나
의 물건으로 만들어 간직하려는데 그 부모를 생각하고 부모를　보호하
려고 하는 것은 마땅히 마음을 다하고 힘써 행하여야 할 줄로 안다.
　부모 곁에 항상 있을 적에 공경하는 마음을 다하고, 봉양함에　있어
그 즐거움을 다하게 하는 것은 생전에 공경하고 사랑하며 섬기는　것이

요, 상을 당하면 슬픔을 다하고, 제사에 임하면 그 엄한 마음을 다함은 사후에 슬퍼하면서 섬기는 것이다.

대체로 사람이란 어린이는 어른이 아니면 자라지 못하고, 늙은이는 젊은이가 아니면 봉양받지 못하고, 죽은 자는 산 사람이 아니면 장사지낼 수 없다.

사람의 마음은 누구나 그 부모를 사랑하지 않는 사람이 없어서 그 사랑의 돈독한 것은 아버지와 자식 사이 같은 것이 없거늘, 성인이 하늘의 성품으로 인하여 사람의 뜻에 순응하여 옳게 인도하여 아버지에게는 자식을 사랑하도록 가르치고, 자식은 부모에게 효도하도록 가르쳐서 어린이는 부모의 사랑을 받으며 자라게 하고, 늙은 자는 자식의 봉양을 받아 편안히 거처하게 하며, 죽은 자는 그 몸을 장사지낼 수 있게 한 것이다. 이로써 백성들은 일찍 죽거나 버려지는 손실이 없이 다 살아서 날로 번식하여 다치는 사람이 없는 것이다. 그러므로 효도란 살아가는 백성의 근본이 되는 것이다.

옛날에 사람이 죽으면 들 가운데 내다가 장사를 지내는데 섶을 두껍게 덮어 장사를 지냈고, 거상도 일수(日數)에 정한 기한이 없었다. 그러던 것이 후세에 이르러 성인이 이것을 실행에 맞게 제정(制定) 하니 맞으면 그 가히 계승하려는 것이요, 계승되면 그 가히 오래도록 하고자 하는 것이다.

이 제도를 천하에 두어 모든 사람들로 하여금 지키도록 하였으니 이는 법이 없어지지 않는 까닭이며, 백성들로 하여금 유감이 없도록 한 까닭이다.

참최(斬衰)의 복을 입고 미음과 죽을 먹고 얼굴빛이 슬퍼지고 눈물을 흘리며 곡을 하고 슬퍼하는 것은 다 사람의 마음 속에서 우러나오는 것으로 저편에서는 편하지 못하나 이편에서는 편안하도록 聖人이 억지로 만들어 놓은 법이다.

부모가 돌아가신지 三日이 돼야 먹기 시작하고, 三年만에야 그 복을 벗도록 한 것은, 위로는 하늘의 법을 취하고 아래로는 땅의 법을 취하여 죽은 사람으로 인하여 산 사람을 상하지 않고 너무 애통해 하여 사람이 죽거나 훼상하는 일이 없게 함이니, 인정으로 인한 절제를 위한 것이다.

죽음이란 것은 사람으로서의 큰 변고이다. 그러므로 염습을 거두고 슬퍼서 전(奠)을 올리고, 가슴을 치고, 발을 구르며 눈물을 흘리고 슬피 울면서 보내며, 묘자리를 골라서 장사를 지내며, 종묘에 모셔서 받들며, 四時로 사모하여 제사를 지내면 자식으로서의 정리를 여기에서 다 한 것이다. 그런 때문에 이 법을 항상 오래도록 폐하지 않는 것이다.

대저 生이 있으면 死가 있고, 시작이 있으면 반드시 끝이 있으니, 살아서는 예로써 섬기고, 돌아가시면 예로써 장사를 지내며, 예로써 제사를 지내면 孝라고 이를만 한 것이다. 그러므로 말하기를, "사생(死生)의 도리가 갖추어지고 효자가 부모 섬기는 일이 끝난다."고 했다. 그러나 공자께서는 이 글을 증자에게 가르침으로써 다섯 가지 효도하는 방법을 갖추어 말씀하시되, 위로는 天子·諸侯·卿大夫·士庶人에 이르기까지 모두 통용하여 행하게 한 것이다.

그러나 그 중에서도 사람의 위에 거하는 자는 德教가 여기서부터 나오기 때문에 첫째로는 '선왕(先王)께서 지극한 덕과 중요한 도가 있다.'고 하시고, 둘째로는 '현명한 임금은 孝로써 천하를 다스렸다.'고 하시고, 셋째로는 '현명한 임금은 아버지를 孝로써 섬기고 어머니를 孝로써 섬겼다.'고 말씀 하셨다. 또한 맨 끝장에 이르러서 역시 말씀하시기를, '백성을 가르치는데 죽은 자로 인하여서 산 사람을 상하지 말도록 하라.'고 하셨고, 또 말씀하시기를, '백성들에게 일의 끝이 있음을 보여준 것이다.'고 하셨으니, 이렇다면 효란 것은 천지의 법이요(經), 사람으로서의 도리(道理)의 근본인 것으로, 진실로 천하 국가에 있어 이것을 먼저 힘써야 할 일인 것이다. 그러므로 비록 살아계실 때 섬기는 일이나 장사 지내고 제사 지내는 일에 귀천의 차등이 있어서 예에 어길 수가 없어서 유독 三年의 거상(居喪)만은 천자로부터 庶人에 이르기까지 귀천(貴賤)의 차이가 없이 한결같이 하였으니, 이로 보면 聖人이 살아가는 백성들을 위하여 염려한 것이 어찌 심오하고 또 원대하지 않겠는가.

재여(宰予)가 공자의 문하에서 배우고 친히 공자의 가르침을 받았으나 그는 居喪을 一年만 입는 것이 옳다고 하였다 하니, 이로 보면 또 제

(齊)나라의 선왕(宣王)이 상기(喪期)를 짧게 한 것이나, 한(漢)나라 문제(文帝)가 하(夏)를 한 달로 쳤던 것이 무엇이 괴이하겠는가?

이런 후부터는 떳떳함으로써 습관이 되어 남의 위에 있는 자들까지도 이렇게 하였으니, 자기들이 이러고서야 아래에 있는 사람들을 어떻게 책망하겠는가?

맹자(孟子)를 존경하고 믿는 자는 오직 등나라 문공(文公) 한 사람이니 비록 그 부형이나 백관들이 모두 이를 행하려 하지 않고(← 三年服喪) 말하기를, "우리 선군(先君 ← 父親)께서도 행하지 않으셨고, 우리 종국인 노(魯)나라의 선군(先君←먼저 임금)도 또한 이를 행하지 않았다."고 하니 三年喪을 행하려는 사람이 적었다. 그러나 문공(文公)은 홀로 맹자(孟子)가 말한 '부모상에는 진실로 정성을 다하여야 한다'고 한 말에 감동해서 무리들의 의논을 배척하고 힘써 이를 행하였다.

이렇게 행한 연후에야 백관(百官)과 유사(有司)들은 모두 감히 슬퍼하지 않음이 없이 이에 따라서 백관(百官)의 일가 친척들도 다 이것이 옳다고 하였으며, 말하기를 '깨달았다.'고 하고, 심지어는 사방에서 모여든 조객(吊客)들까지도 그 禮에 있어 크게 기뻐하지 않는 이가 없었다 하니, 이는 올바른 덕을 좋아하는 양심이 아주 소소(昭昭)하게 밝아서 없어지지 않는 것이다.

그렇다면 사람의 마음을 감동시켜 풍속을 후(厚)하게 해 주는 지덕(至德)과 요도(要道)는 무엇이 이 孝보다 더한 것이 있겠는가?

【語議】 ○生事愛敬(생사애경) : 부모가 살아계실 때에는 사랑과 공경으로 섬긴다는 것을 말한다.

○死事哀戚(사사애척) : 부모가 돌아가신 후에는 살아계실 때와 똑같은 마음으로 섬기고 슬픈 마음으로써 부모의 靈을 제사 지내는 것을 말한다. 효자에게는 愛敬과 哀戚이 중요하고 이것에 철저한 것이 바로 孝道하는 것이다.

○生民之本盡矣(생민지본진의) : 生民은 生人, 즉 살아 있는 사람, 인간 또는 인류를 뜻한다. 本은 根本, 生民之本은 곧 孝道를 가리킨다. 盡矣는 전부 다 행하는 것.

○死生之義備矣(사생지의비의) : 여기서 生은 生者, 死는 死者로 돌아가신 부모와 살아계신 부모 모두가 孝의 대상이다. 義는 誼, 道理. 備矣는 俱備. 부모가 살아계실 때와 돌아가신 후의 효자로서의 道理가 모두 갖추어지는 것을 말한다.

○孝子之事親 終矣(효자지사친종의) : 효자가 부모 섬기는 일인 효의 끝이라는 뜻이다. 「古文孝經」孔安國傳에 '이 말을 하여　효자의 도리가 끝나는 이 篇을 끝맺는 것이다.'라 했다. 「今文孝經」에는 '親' 字가 없다.

【註】朱子曰 亦不解經 別發義 其語尤精約也 又按朱子刊誤跋云 熹舊見衡山胡侍郎 論語説 疑 孝經引詩 非經 本文 初甚駭焉 徐而察之 始悟胡公之言 爲 信而 孝經之 可疑者不但此也 因以書質之 沙隨 程可 久丈 程答書曰 頃見王山 注端明 亦以爲此書 多出後人　傳會於是乃知　前輩讀書精審 固已及 此又竊自幸 有所因述 而免於鑿空 妄言之罪也 因欲援取 他書之言 可發 此經之旨者別爲　外傳顧未敢耳　淳 熙丙午八月十二日記.

【註釋】주자(朱子) 말하기를, "또한 經을 해석치 않고는 또 다른 뜻이 일어난다. 그 말을 더욱 精約한 것이다.

또 주자 刊誤跋을 살펴 이르기를, "熹가 전에 衡山胡侍郞의 論語説을 보니 「孝經」에 인용한 詩가 본문이 아니다."고 하였기에 처음에는 몹시 이상하게 생각했었다. 그러나 천천히 살펴 보니 비로소 胡公의 말이 맞고, 「孝經」의 의심스러운 점이 비단 이것 뿐이 아니라는 것을 알게 되었다. 그리하여 편지로 沙隨 程可久丈에게 질문을 했더니 程丈의 회답에서 말하기를, "내가 전번 玉山 注端明을 만났더니 그도 역시 이 글이 훗 세상의 사람들이 꾸며 놓은 것이 많다."고 하였다.

여기에서 나는 먼저 사람들이 정말로 글을 정밀하게 읽었다는　것을 알게 되었고, 또 내가 여기에 부연해서 말을 써서 망령된 말이 되지 않도록 한 것을 다행하게 여겼다. 그리하여 다른 글에 있는 말중에 이 經文의 뜻이 되는 것은 별도로 모아 外傳을 만들고 싶었으나, 이것은 내가 감히 하지 못하는 일들이다. 순희 병오 八월 十二일 씀.

◎ 孝經大義終.

⊙「효경대의」마침.

孝經大義跋

聖人作六經 以詔天下後世 其於道德性命之説備矣 然而於孝 特加
詳爲 至別爲一經者 何耶 盖百行 非孝不立 萬善非孝不行所謂天之經
也 地之義也 民之彝也 自天子以至庶人 誠不可一日而不講也 隋志曰
孔子既叙六經 題目不同 指意差別 恐斯道離散 故作孝經 以總會之
明其枝流雖分 本萌於孝 其説是已 於此盡心焉 則六經之道舉在是矣
秦火既熄 遺經間出 壁書與今文雜行 雖經群儒辨論補綴 而輒復煙廢
至宋朱子始爲刊誤 又次其經傳 以復孔子之舊 繼以鄱陽董氏 爲之註釋
極其歸趣 然後一經之條貫煥然 其有功於聖門甚大 而經之顯晦實有非
偶然者矣 惟我.

主上殿下 以聰明濬智之聖 握君師之丕責化民成俗 未嘗不以彝 倫
爲急一日.

御經筵 與儒臣論治道 因歎孝經之教 久廢於世 又問其註疏之有無
左右以是編聞 即蒙宣索 覽之嘉賞 將録梓以廣其傳 猶.

慮窮閭愚下之民 未喻其義也 下弘文館 悉解以諺語 使人易曉 且.

命臣略叙其後 臣竊惟 堯舜之道 孝悌而已 其親九族 平百姓恊萬邦
以至鳥獸魚鱉咸若皆孝之推也 三代聖王 率由斯道 治化之隆 後世莫
及 及其衰也 孔子只以空言 與弟子相授受 即其經中所載 言及古昔 必
稱先王 蓋其傷之也 深矣 自是厥後 微言絶 大道壞 人心貿貿已千有
五百餘年矣 歷代以來 雖不無英君誼辟 其所以把持世道 主張化權者
不過曰功利而已 術數而已 孰肯以是爲念哉 則善治之不復 而禍亂之
相尋也.

無恠 今 聖上獨穆然深思 推究化源 乃於聖人之六經 尊信表章既以
是躬行建極於上又以是導迪牖民於下 其於復堯舜三代之治也何有抑臣
又有感焉 聖遠言湮 經殘教弛 古道之行 雖不可一日 而冀然降衷 秉
彝之天 亘萬古而猶在 聖經所書 即人心所具之理 反而求之 寧有不得
者哉 嗚呼 誰無父母 誰非人子 孰倡而不和 孰感而不應 故曰 上有好

者 不必有甚焉者 臣知是書之行也 必有油然而起 躍然而趨 沛然而不
可禦 比屋可封之美端可馴致矣 其謂之至德要道者 非耶 宜.
　殿下之惓惓於是也 萬曆十七年六月 下澣資憲大夫 知中樞府事兼弘
文館大提學藝文館大提學 知成均館事 同知經筵春秋館事.
　臣柳成龍奉 敎謹跋.

　성인(聖人)께서 육경(六經)을 지으시어 이것을 천하(天下)와　후세
(後世)에 가르치셨으니 거기에는 도덕과 성명(性命)의 말이　갖추어졌
다. 그리고 그 중에서도 효도에 대하여서는 특별히 상세하였다. 그런데
별도로 여기에「효경(孝經)」을 지은 것은 무슨 까닭이겠는가.　그것은
모든 행동이 효도가 아니면 서지 못하고, 모든 착한 것이 효도가 아니
면 행하여지지 못하는 것이니 이른바 이것이 하늘의 경(經)이요,　땅의
의리(義)이며 백성들의 떳떳한 바(彝)이니 천자로부터　서인(庶人)에
이르기까지 진실로 하루라도 익히지 않으면 안되는 것이다. 수지(隋志)
에 말하기를, "공자께서 이미 육경(六經)을 지으시나 제목이 모두 같
지가 않고, 가리키는(指) 뜻이 차별이 있어서 혹 사도(斯道)가 떠나고
흩어지지 않을까 두렵다. 그리하여 여기에「효경」을 지어　육경(六經)
의 뜻을 통합하여 그 지류(枝流)는 비록 나뉘었으나 근본은　효도에서
싹터 나온 것이라는 것을 밝혔다."고 하였다.　이 말에 보이듯이 우리가
여기에 마음을 다한다고 하면 육경(六經)의 도(道)를 모두 여기에서 찾
아볼 수 있을 것이다.

　진나라의 병화가 이에 끝이 나자, 남은 경서들이 간혹 들쳐　나와서
지금 글과 섞여 유행되고 보면 비록 선비들이 변론을 하고 보충한다고
하여도 모두 다시 없어지기에 이르렀다.　그런데 송(宋)나라의 주자(朱
子)에 이르러서 비로소 잘못된 것을 바로 고치고, 또 경(經)과 전(傳)
을 차서대로 편집을 하여서 공자(孔子)의 옛뜻을 회복시켜 주었다.

　또 계속하여 파양동씨(鄱陽董氏)가 주석(註釋)을 달아서 그 뜻을 분
명히 돌려놓은 연후에 한 경서로서의 조리가 뚜렷하여졌으니　실로 성
인(聖人)의 문에 그 공이 몹시 큰 것인즉, 이 책의 나타나고 감추어진
것은 실상 우연한 일이 아니라고 하였다.

우리 주상전하께서는 총명하고 밝고 지혜로운 성인(聖人)으로서 군사(君師)로서의 큰 책임을 맡아 백성들을 교화시키고 좋은 풍속을 이루시니, 언제나 사람으로서 떳떳이 지켜야할 도리에 대하여 소홀히 여긴 일은 없다.

어느날 경연(經筵)에 거동하시어 유신(儒臣)들과 더불어 나라를 다스리는 도(道)를 의논하다가 효경을 가르치는 것이 오랫동안 세상에 폐하여진 것을 탄식하고, 또 주소(註疏)가 있고 없는 것을 물으니 좌우(左右)에 있는 신하들이 이 책이 있다고 대답을 하였다. 이에 "책을 가져오라." 하여 한 번 보더니 몹시 가상(嘉賞)히 여기고 장차 이를 간행하여 늘 그것을 전하려고 하였다.

그러나 궁벽한 시골이나 어리석은 백성들이 그 뜻을 터득하지 못할 것을 걱정하여 이를 홍문관(弘文館)에 내려 가지고 모두 언문으로 풀어서 사람들로 하여금 쉽게 알도록 하였다. 또 신(臣)에게 명(命)하여 그 책 끝에 대략(大略) 쓰라고 하였다. 신(臣)이 깊이 생각하건대 요순(堯舜)의 道는 효도와 우애뿐이다.

구족(九族)을 친하게 하고, 백성들을 평화롭게 하고, 만방(萬邦)이 모두 화합하게 하고, 심지어 새나 짐승, 물고기까지도 모두 즐겁게 하는 것은 효도에 근본하는 것이다.

삼대(三代←夏·殷·周)의 성왕(聖王)들은 모두 사도(斯道)에 근원을 두어서 다스리고 감화시키는 높은 공적은 후세 사람들이 따르지 못한 것이다.

이 도(道)가 쇠하게 되자 공자(孔子)는 글은 없어도 빈말로써 제자들과 서로 주고 받았는데 그런 때문에 이 책 속에 실린 글을 보면 말이 옛날(古昔)에 미치게 되면 반드시 선왕(先王)이라고 칭(稱)하였으니, 대개 그가 마음이 상해한 것이 깊다고 말할 수 있다. 이로부터 걱정하는 말도 끊어지고 대도(大道)가 무너져서 인심이 흉흉하여진지 이미 一천五백 여년이나 되었다.

그 후 역대 이래로 비록 영특한 임금이 없었던 것은 아니지만 그 세도(世道)를 장악하는 것을 배척하고 권리를 얻는 것을 주장하는 공리(功利)와 술수(術數) 뿐이니 누가 즐겨 이것을 생각할 것인가. 이렇게 되니 나라를 잘 다스려지는 것이 다시 회복되지를 않고, 화난이 서로 계속되는 것이 괴상할 것이 없다.

이제 우리가 성상(聖上)께서 홀로 조용하게 깊이 생각하고 그 근원을 미루어 연구하여 이에 성인의 경서를 높이 믿고 드러내시어 이미 이것으로써 몸소 행하여 위에서는 남의 모범이 되고, 아래로는 용렬한 백성들을 잘 인도하였으니 요순(堯舜) 삼대의 잘 다스림을 회복함이 무엇이 이보다 더할 수 있겠는가.

신(臣)은 또다시 감동하는 것이 있으니 성인이 세상에서 떠난지 오래되고 그 말씀은 없어지고 경서는 남은 것이 없고, 그 가르침은 해이하여져서 옛 도(古道)를 행함을 졸지에 나타내기를 바랄 수는 없게 되었다. 그렇지만 한쪽으로만 치우치지 않는 하늘에서 받은 덕과 진심과 그리고 타고난 천성은 비록 만고(萬古)를 간다고 하여도 오히려 존재한다. 성경(聖經)에 써 있는 것은 곧 사람의 마음에 갖추어진 이치이므로 이것을 돌이켜 구한다고 하면 어찌 얻지 못할 이치가 있겠는가.

아아 ! 누가 부모가 없으며, 누가 사람의 자식이 아니겠는가.

누가 먼저 부르는데 화답하지 않으며, 그 누가 감동하는데 응하지 않겠는가. 그러므로 말하기를, 위에서 좋아하는 사람이 있으면 반드시 아래에 심한 자가 있지 않다고 말을 하였으니, 이로써 신(臣)은 이 글이 간행되면 반드시 왕성하게 일어나고 마치 뛰는 것처럼 따라서 성대하여 막을 수 없이 될 것이며, 집집마다 표창하게 될 아름다움을 가히 이룰 수 있을 것인즉, 이것을 이르기를 지극한 덕(至德)과 중요한 도(要道)라고 말을 한 것이 잘못이겠는가.

전하(殿下)께서 여기에 수고롭게 노력하심이 마땅하다고 할 것이다.

만력(萬歷) 十七年 六月 하한(下澣)에 자헌대부 지중추부사겸 홍문관 대제학 예문관 대제학 지성균관사 동지경연 춘추관사 신 유성룡은 임금의 명을 받들어 삼가 쓰노라.

古文孝經序

孔 安 國

　孝經者何也　孝者　人之高行　經常也　自由天地人民以來　而孝道著矣
上有明王　則大化滂流　充塞六合　若其無也　則斯道滅息　當吾先君孔子
之世　周失其柄　諸侯力爭　道德旣隱　禮誼又廢　至乃臣弒其君　子弒其
父　亂逆無紀　莫之能正　是以夫子每於閑居　而歎述古之孝道也　　夫子
敷先王之教於魯之洙泗.

　門徒三千　而達者七十有二也　貫首弟子　顏回，閔子騫，冉伯牛，仲
弓性也，至孝之自然　皆不待論而寤者也，其余則悱悱憤憤　若存若亡
唯曾參　躬行匹夫之孝　而未達天子諸侯以下　揚名顯親之事　因侍坐而
諮問焉故夫子告其誼　於是曾子喟然知孝之爲大也.　遂集而録之　名曰
孝經　與五經並行於世.

　逮乎六國　學校衰廢　乃秦始皇焚書坑儒　孝經由是絶而不傳也　至漢
興　建元之初　河間王得而獻之　凡十八章　文字多誤　博士頗以教授　後
魯共王使人壞夫子講堂　於壁中石函　得古文孝經二十二章　　載在竹牒
其長尺有二寸　字科斗形　魯三老　孔子惠　抱詣京師　獻之天子　天子　使
金馬門待詔學士　與博士群儒　從隷字寫之　還子惠一通　以一通賜所幸
侍中霍光　光甚好之　言爲口實　時王公貴人　咸神秘焉　比於禁方　天下
競欲求學　莫能得者　每使者至魯　輒以人事請索　或好事者　募以錢帛
用相問遺　魯吏有至帝都者，無不齎持以爲行路之資　故古文孝經　初
出於孔氏　而今文十八章　諸儒各任意巧説　分爲數家之誼　淺學者　以當
六經　其大車　載不勝　反云於孔氏無古文孝經　欲矇時人　度其爲説誣亦
甚矣.　吾愍其如此　發憤精思　爲之訓傳悉載本文　萬有餘言　朱以發經
墨以起傳　庶後學者覩正誼之有在也　今　中秘書　皆以魯三老所獻　古
文爲正　河閒王所上　雖多誤　然以先出之故　諸國往往有之　　漢先帝發
詔　稱其辭者　皆言傳曰　其實今文孝經也　昔吾逮從伏生論古文尚書誼
時學士會　云出叔孫氏之門　自道知孝經有師法　其説移風易俗　莫善於

樂 謂爲天子用樂 省萬邦之風以知其盛衰 衰則移之 以貞盛之教 淫
則移之 以貞固之風 皆以樂聲知之 知則移之 故云移風易俗 莫善於樂
也 又 師曠云 吾驟歌南風 多死聲 楚必無功 即其類也 且曰 庶民之
愚安能識音 而可以樂移之乎. 當時 衆人僉以爲善 吾嫌其說汪 然無
以難之後推尋其意殊不得爾也. 子游爲武城宰 作絃歌以化民 武城之
下邑 而猶化之以樂 故傳曰, 夫樂以關山川之風 以曜德於廣遠 風德
以廣之 風物以聽之 脩詩以詠之 脩禮以節之又曰 用之邦國焉 用之
鄉人焉 此非唯天子用樂明矣 夫雲集而龍興 虎嘯而風起 物之相感 有
自然者 不可謂毋也 胡笳吟動 馬蹀而悲 黃老之彈 嬰兒起舞 庶民之
愚 愈於胡馬與嬰兒也 何爲不可以樂化之 經又云敬其父則子說 敬其
君則臣說 而說者以爲 各自敬其爲君父之道 臣子乃說也 余謂不然君
雖不君 臣不可以不臣 父雖不父 子不可以不子, 若君父不 敬其爲君
父之道 則臣子便可以忿之邪 此說不通矣 吾爲傳 皆弗之從焉也.

고문효경서

공안국

「효경(孝經)」이란 어떤 책인가? 효(孝)란 사람으로서의 고상한 행위이며, 경(經)이란 영원히 변치않는 도리(道理)이다. 이 세상에 천지(天地)와 인민(人民)이 있어온 이래 효도(孝道)가 나타났다.

위로 성왕(聖王)이 있어 효행(孝行)의 모범을 보이셨으므로 그 크나큰 덕(德)이 자연히 사람을 감화시키고 백성에 이르기까지 흘러넘쳐 천지에 가득찼다. 만일 그러한 성왕(聖王)이 없었더라면 이 중요한 효도(孝道)는 멸하여 없어져 버렸을 것이다.

때마침 선조(先祖) 공대부(孔大夫) 시대에 주(周)나라의 왕실이 권력을 잃었으며, 제후(諸侯)들이 천하를 힘으로 다투었다. 그 때문에 도덕(道德)은 자취를 감추었으며, 예의(禮義) 또한 찾아볼 수조차 없었다. 그리하여 신하가 군주를 죽이고, 자식이 아버지를 죽이는 인륜(人倫)의 문란으로 반역(反逆)이 끊임없이 일어났으며, 이를 바로잡을 방법이 없었다. 이러한 상태 속에서 공대부(孔大夫)께서는 항상 한거(閑居)하면서 옛날 효도(孝道)를 그리워 하며 탄식하시었다. 그리하여 공대부(孔大夫)께서는 노(魯)의 수수(洙水)와 사수(泗水) 유역에서 선왕(先王)의 가르침을 널리 펴셨다. 공문(孔門)에서 공대부(孔大夫)의 가르침을 받은 문인(門人)의 수는 三천 명이나 되었으며, 그 중 도리(道理)에 통달한 사람은 七十二명에 이르렀다. 그들 중 남달리 뛰어난 제자는 안회(顔回), 민자건(閔子騫), 염백우(冉伯牛), 중궁(仲弓)이며, 이들은 모두 덕행(德行)의 자질이 풍부하고 효도(孝道)를 지닌 사람들로서 가르침을 기다리지 않고 깨달은 사람들이다. 그밖의 문인(門人)들은 마음은 효도(孝道)에 이르려고 노력하고 있지만 때로는 효도(孝道)에 맞고 때로는 어긋나는 상태였다. 증삼(曾參)만은 서인(庶人)의 효도(孝道)를 행하면서도 아직 천자(天子)나 제후(諸侯) 밑에서 명성을 떨쳐 부모의 이름을 세상에 드러내는 효도(孝道)에는 이르지 못했다. 그리하여 증자(曾子)는 공대부를 모시고 그 곁에 앉아 있을 때 효도(孝道)에 대해 알게 되었다. 공대부(孔大夫)께서는 증자에게 효도(孝道)에 대해 가르쳐 주셨다. 그러자 증자는 효(孝)의 위대함을 알고는 크게 감탄했다.

증자는 공대부(孔大夫)의 말씀을 모아 기록한 것을 「효경(孝經)」이란 이름으로 오경(五經)과 더불어 세상에 행해지게 된 것이다.

六국에 이르러 학교도 쇠(衰)하여 폐(廢)해졌다. 영정(嬴政)은 여섯 나라를 멸망시키고 진시황(秦始皇)이 되자 서책을 불사르고 유학자(儒學者)들을 산채로 매장했다. 「효경」도 이 화(禍)로 말미암아 단절되어 후세에 전해지지 않게 되었다. 이윽고 한(漢)이 일어났으며, 건원(建元) 초(初)에 하간(河間)의 헌왕(獻王)이 「효경」을 손에 넣어 무제(武帝)에게 바쳤다. 이 「효경」은 금문(今文)으로 쓰여진 十八장(章) 본(本)으로 문장에 쓰여진 글자에 오자(誤字)가 많다.

그 후 노(魯)의 공왕(共王)이 궁전을 다시 지으려고 사람들을 시켜 그 옛날 공자(孔子)가 제자들과 함께 지내던 강당을 부수자 벽 속에서 돌로 만든 함(函)이 나왔으며, 그 함(函) 속에서 「고문효경(古文孝經)」 二十二章 본(本)을 얻었다. 문자(文字)는 대나무 조각에 씌어 있었다. 대나무 조각의 길이는 一자(尺) 二치(寸)였으며, 그 자체(字體)는 과두문자(蝌蚪文字)였다.

노(魯)의 三노(三老)인 공자혜(孔子惠)라는 사람이 그것을 가지고 경사(京師)로 가 당시의 천자(天子)인 소제(昭帝)에게 바쳤다. 천자(天子)는 금마문(金馬門)의 대조학사(待詔學士)·박사(博士)·여러 유학자(儒學者)들에게 명하여 그것을 알기 쉬운 예서(隷書)로 고쳐 쓰게 했다. 천자(天子)는 공자혜(孔子惠)에게 한 통을 돌려 주고 한 통을 총애하는 시중(侍中) 곽광(霍光)에게 내려 주었다. 곽광(霍光)은 이를 매우 좋아하여 가까운 사람들에게 화제(話題)를 삼아 말했다.

당시 왕공 귀인(王公貴人)들은 누구나 그것을 숨기고 가전(家傳)의 묘약(妙藥)·비법(秘法)에 견주었다. 천하의 사람들은 다투어「고문효경(古文孝經)」을 구하여 배우고 싶어도 그것을 구할 수가 없었다. 여러 나라에서 파견된 사자(使者)들이 노(魯)로 왔으며, 그 때마다 연고(緣故)를 구실삼아 찾으려 했다. 진귀한 것을 좋아하는 사람들 중에는 돈과 비단까지도 선물로 주며 안부를 묻고, 그 답례로 그것을 손에 넣으려 하는 사람들도 있었다.

노(魯)의 관리로서 제도(帝都 : 長安)로 출장가는 사람이 있으면「고문효경(古文孝經)」을 지참하여 여비(旅費)로 삼지 않는 일이 없었다. 그렇기 때문에「고문효경(古文孝經)」이 처음 공가(孔家)에서 나왔다.

그러나 금문(今文) 十八장(章)은 여러 유학자(儒學者)들이 각기 자신의 생각에 따라서 교묘하게 설(說)한 것으로 견해가 갈라져 수가(數家)로 되었다. 학문(學問)이 얕은 학자는「효경(孝經)」一권을 六경(六經)을 모두 합친 것에 비견(比肩)하기까지 했다. 그 허설(虛說)은 분량이 방대하여 큰 수레에도 못다 실을 정도였다. 그럼에도 불구하고 금문효경(今文孝經)을 신봉하는 사람들은 오히려 공가(孔家)에는 고문효경(古文孝經)이 있을리가 없다고 말하며, 당시 사람들의 눈을 어둡게 하려고 했다. 그 말의 진위(眞僞)를 헤아려 보건대, 그것은 헛된 말이며 거짓말이다. 나 공안국(孔安國)은 이러한 헛된 말에 사람들이 현혹되고 있는 것을 딱하게 생각하여 마음을 떨쳐 일으키고 생각을 짜내어「고문효경(古文孝經)」의 주석(注釋)을 짓고 본문을 모두 실었다. 자(字) 수는 만(萬)여 자(字)에 달했으며 경문(經文)은 붉은 글씨로 쓰고 전문(傳文)은 검은 글씨로 썼다. 이와같이 붉은 글씨와 검은 글씨로 나누어 쓴 것은 후세의 학자로 하여금「효경(孝經)」의 정통 의(義 :

敎本·注釋)가 이 공벽(孔壁)의 고문(古文)에 있음을 눈으로 확인하도록 하기 위함이었다. 오늘날 궁중(宮中)의 서적을 관장하는 사람들은 모두 노(魯)의 三노(三老 : 孔子惠)가 헌상한 공벽(孔壁)의 고문효경(古文孝經)을 정본(正本)으로 삼고 있다. 하간(河間)의 헌왕(獻王)이 바친 금문효경(今文孝經)에는 잘못된 부분이 많이 있지만, 고문효경(古文孝經)보다 먼저 세상에 나왔다는 이유로 여러 나라에서 금문효경(今文孝經)이 행해지고 있다. 한(漢)의 선제(先帝)가 조(詔)를 발포(發布)하면서 「효경(孝經)」의 말을 인용할 때 '전(傳)에 이르기를'라고 말 한 것은 다 고문효경(古文孝經)이 아니라 實은 금문효경(今文孝經)이다.

지난날(전에) 나는 복생(伏生)을 따라 그의 문하(門下)에서 「고문상서(古文尚書)」의 내용에 대해 토론했던 곳에 동석(同席)한 일이 있다. 그 때 그곳에 모인 학자들은 '우리는 숙손씨(叔孫氏)의 문(門)에서 나와 있는 것이므로 「효경(孝經)」을 이해하고 있을 뿐만 아니라, 스승으로부터 전수(傳授)받은 법(法)을 알고 있다.'라고 말했다. 숙손통(叔孫通)의 문인(門人)들은 「고문효경(古文孝經)」十五장 광요도(廣要道)의 移風易俗 莫善於樂(백성의 좋지 않은 풍속(風俗)을 좋은 방향으로 바꾸는 데에는 음악보다 좋은 것은 없다)을 해설하는데, "천자(天子)는 천하(天下)를 통치하는 데에 고악(古樂)을 이용했고, 만방(萬邦)의 풍속풍습(風俗風習)을 살펴 그로써 그 나라의 성쇠(盛衰)를 알았고 衰해 있으면 올바르고 훌륭한 가르침으로써 이를 盛하게 했으며, 어지러우면 바르고 건실한 풍속풍습의 가르침으로써 이를 바로 잡았다. 모두 고악(古樂)의 소리로 쇠(衰)하고 어지러움을 알았다. 이것을 알게 되면 올바르게 바로잡을 수 있다. 그러므로 本文에도 이르기를, '풍속(風俗)을 바로잡는 데에는 樂보다 좋은 것은 없다.'고 말하고 있는 것이다.라고 보고 있다. 또 그들은 '師曠(사광) 나는 때때로 樂曲(악곡)을 연주하고 남방(南方)의 음악을 노래하는데 남방(南方) 초(楚)의 노래는 그 소리에 활기가 없는 슬픈 소리가 많이 있다. 그러므로 초(楚)는 분명 공(功)을 이루지 못할 것이다.'라고 한 것이 곧 '악(樂)으로써 성쇠(盛衰)를 안다.'고 하는 것과 같은 류(類)의 이야기이다."라고 했다. 뿐만 아니라 숙손씨(叔孫氏)의 문인(門人)들은 '백성들이 어리석으니 어

찌 고악(古樂)의 소리를 식별하여 음악(音樂)으로써 풍속풍습을 바로
잡을 수 있겠는가 ?'라고 말하고 있다. 당시 일반 사람들은 모두 숙손
씨(叔孫氏)의 문인(門人)들의 설(說)을 옳다고 생각하고 있었다. 그러
나 나는 그들의 설(說)의 거짓됨을 의심했다. 그러나 그들의 얼굴을 향
해서까지 비난하지는 않았다. 그 후「효경(孝經)」의 주석(注釋)을 쓰
려고 할 때 특히「효경(孝經)」의 진의(眞意)를 궁구해 보려 할 때 그렇
게 해석할 수 없으며, 천자(天子)가 아닌 사람도 고악(古樂)에 있는 뜻
을 알고 그 악(樂)을 사용하여 풍속(風俗)의 성쇠(盛衰)를 알고 풍속
풍습을 바로잡을 수 있음을 알았다. 한 예로「논어(論語)」 양화편(陽
貨篇)에 있듯이 공자(孔子)의 제자인 자유(子游)는 노(魯)나라   하읍
(下邑)인 무성(武城)의 우두머리가 되었을 때 읍(邑)을 다스리는 방침
으로서 고악(古樂)을 사용했으며,「시경(詩經)」을 거문고에 맞추어 노
래하게 하여 읍(邑)의 사람들을 교육시키고 감화시켰다. 이것이야말로
천자(天子)가 아닌 사람도 선왕(先王)이나 성인(聖人)이 이상(理想)으
로 삼았던 고악(古樂)을 사용하여 풍속풍습을 바로잡을 수 있다는 증
거이다.
  무성(武城)과 같은 하읍(下邑)에서조차 옛날 음악에 의해 사람들을
감화시키고 있다. 그러므로 전(傳←「國語」)에도 고악(古樂)의   달인
(達人)인 사광(師曠)이 진(晋)의 평공(平公)에게 한 말에 '대저 선왕
(先王) 이래의 고악(古樂)은 산천(山川)의 풍기(風氣)를 통하고 인군
(人君)의 덕(德)의 아름다움을 빛내고, 인군(人君)의 덕(德)의 아름다
움을 선양(宣揚)하여 이를 천하 사방에 넓히고 만물(萬物)을 풍화(風
化)하여 이를 경청하게 하고「시경(詩經)」을 배우게 하여 이를 음영
(吟詠)하게 하고, 예(禮)를 닦게 하여 이를 잘 조절할 수 있다.' 라고
말하고 있다. 또「시경(詩經)」 관저(關雎)의 서(序)에는 '이를 방국
(邦國)에 이용하고, 이를 향인(鄕人)에 이용한다.'라고 했다. 이상의 사
실에 의해 알 수 있듯이 오로지 천자(天子) 한 사람만이 고악(古樂)을
정치에 이용하는 것이 아님은 명명백백(明明白白)하다.「주역(周易)」
건괘(乾卦)에 '운종용, 풍종호(雲從龍 風從虎)'라고 했듯이 구름이 모
이면 용(龍)이 일어나고, 호랑이가 포효하면 바람이 일어난다. 물(物)

이 서로 감합(感合)한다는 것은 자연의 이치에 의한 것이므로, 아무리 우매한 백성이라 할지라도 선왕(先王)이 창시(創始)한 고악(古樂)으로써 감화시킬 수 없다고는 말할 수 없는 것이다. 북방(北方)의 오랑캐인 호인(胡人)이 갈대 피리를 불어 천지(天地)를 진동시키면 적진(敵陣)에 있는 호마(胡馬)도 그 소리에 응하여 앞발로 땅을 차며 슬퍼하며, 노인이 거문고를 타면 어린아이도 일어나 춤을 추기 시작한다. 우매한 백성이라 할지라도 호마(胡馬)와 어린아이보다는 나은데 어찌 천자(天子)가 아닌 사람도 고악(古樂)으로써 백성을 감화(感化)시킬 수 없다고 말할 수 있겠는가. 「효경(孝經)」광요도장(廣要道章)에 이르기를, '아버지를 공경하면 아들은 저절로 기꺼이 따르게 되고, 군(君)을 공경하면 신(臣)은 저절로 기꺼이 따르게 된다.'라 했다. 그러나 숙손씨(叔孫氏)의 문인(門人) 이외에도 이설(異說)을 칭찬하는 자(者)가 있어 '군부(君父)된 자는 군부(君父)로서의 도(道)를 다하면 신자(臣子)된 자도 따른다.'라고 생각하고 있다. 내가 생각하기에는 군(君)이 군(君)으로서의 도(道)를 다하지 않아도 신(臣)은 신(臣)으로서의 도(道)를 다하지 않으면 안되며, 아버지가 아버지로서의 도(道)를 다하지 않아도 자식은 자식으로서의 도(道)를 다하지 않으면 안 된다. 만일 군부(君父)된 자가 군부(君父)로서의 도(道)를 다하지 않았다면 신자(臣子)는 곧 군부(君父)에 대해 화를 내는 것이 옳은 일이겠는가. 그렇지 않다. 이러한 설(說)은 통용되지 않는다. 그러므로 나는 「고문효경(古文孝經)」의 전(傳)을 붙임에 숙손씨(叔孫氏)의 문인(門人)들이나 그밖의 다른 설(說)을 따르지 않는다.

【單語풀이】 ○滂流(방류) : 본래 물이 넘쳐 흐른다는 뜻이지만, 여기서는 轉하여 천자(天子)의 덕(德)이 넘쳐 흐르는 것을 의미한다.

○六合(육합) : 본래 東·西·南·北·上·下로 6개의 방향을 뜻하는데, 轉하여 천하, 세계, 우주를 의미한다.

○先君(선군) : 자손이 자신의 先祖를 일컬어 先君이라 한다.

○夫子(부자) : 春秋時代에 太子, 大夫, 先生, 長者를 높여 부르던 말. 孔子께서는 일찍이 魯나라의 大夫였으므로 孔門의 弟子들은 스승

인 孔子를 '夫子'라고 높여 불렀다.

○達者(달자) : 道理에 통달한 사람. 達人. 여기서는 一枝一藝에 통달한 공자의 門弟子를 가리킨다.

○悱悱(비비) : 마음 속으로는 이해하고 있으면서도 말로는 표현할 수 없어 답답하게 말하는 모양.

○憤憤(분분) : 몹시 분개하는 모양.

○匹夫之孝(필부지효) : 庶民의 꾸밈없는 소박한 孝行.

○六國(육국) : 戰國時代의 여섯 개의 큰 諸侯國. 齊·楚·燕·韓·魏·趙를 가리킴.

○秦始皇(진시황) : 姓은 嬴, 이름은 政. 戰國時代의 여섯 나라를 統合한 다음 스스로 始皇帝라 칭했다. 종래의 봉건제도를 폐하고 중앙집권을 강화하였으며, 萬里長城을 쌓았다. 刑罰을 엄하게 하고, 거의 모든 책을 불사르고, 儒學者를 산채로 구덩이에 매장하고, 사상탄압을 심하게 하였다.

○焚書坑儒(분서갱유) : 秦始皇 34년(BC.213년) 승상 李斯의 말에 따라 의학, 점(占), 농업에 관한 책을 제외한 모든 책을 불질러 버렸으며, 咸陽에서 儒學者를 산채로 구덩이에 매장하여 죽이는 폭정을 말함.

○科斗(과두) : 과두(蝌蚪). 올챙이. 중국 고대 文字는 획이 올챙이 모양과 같았으므로 蝌蚪文字라는 이름이 붙여졌다.

○三老(삼노) : 周代에 행해진 제도로서 天子는 후진양성을 위해 諸侯의 자제들을 가르칠 목적으로 大學에 三老와 五更을 모셨다. 三老·五更은 각기 한 사람씩으로 모두 관직에서 물러난 나이 많고 경험이 풍부한 사람들이었다. 天子는 이들을 父兄처럼 모심으로 天下의 孝悌를 보였다. 三老라는 명칭은 三辰, 즉 日·月·星에서 나온 것으로, 天下를 밝게 비추는 사람이라는 뜻이다.

○隷字(예자) : 隷書라고 하는 漢文書體의 하나. 程 邈이 篆書體를 간략하여 만들었다 함.

○傳(전) : 經書의 심원한 뜻을 이해하기 쉽게 풀이한 것으로, 詩經을 해석한 것을 詩傳이라 하고, 書經을 해석한 것을 書傳이라 한다.

‘經’은 聖人의 저서이며 ‘傳’은 聖人에 버금가는 賢人이 지었다 한다.

　○伏生(복생) : 漢의 복승(伏勝). 이름은 勝, 字는 子賤. 秦代의 박사. 秦의 焚書坑儒 때 伏生은 벽 속에「尙書」를 감춰 두었다. 그 후 병란이 일어나자 그는 집을 떠났다가 漢이 천하를 평정한 후 집으로 돌아와 벽 속에 감춰 두었던 책들을 찾았다. 그러나 남아 있는 것은 二十九편 뿐이었다. 그 후 漢의 文帝는「尙書」에 능통한 사람을 널리 구한 결과 伏生을 불렀지만 伏生은 이미 九十여세였으므로 갈 수가 없었다. 그리하여 文帝는 조조(鼂錯)를 伏生에게 보내어「尙書」에 대한 그의 가르침을 받게 했으며, 그에게서 그 二十九편을 얻었다. 이것이 後의「今文尙書」이다.

　○古文尙書(고문상서) : 漢의 景帝 때 魯의 恭王이 孔子의 舊宅을 헐어 벽 속에서 얻은 책으로, 蝌蚪文字로 되어 있으므로 古文이라 한다.「古文尙書」에는「今文尙書」의 二十九편 외에도 舜典 이하 十六편이 더 들어 있다.

　○叔孫氏之門(숙손씨지문) : 叔孫氏는 叔孫通을 가리킨다. 秦나라 시대에는 학문이 뛰어나 대조박사(待詔博士)로 뽑혔던 사람으로 號는 稷嗣君, 劉邦은 西漢의 황제가 된 후 叔孫通을 박사에 임명했으며 秦의 번잡한 儀禮를 버리고 叔孫通의 說을 따라 法을 간략하게 했다. 叔孫通은 먼저 魯의 학자들을 불러 자신의 제자들과 함께 조의(朝儀 ← 朝廷의 儀禮)를 제정했다. 그 후 유방은 叔孫通을 태상(太常←宗朝의 儀禮를 관장하던 벼슬)에 임명하고 후에 太子太傅가 되었다.

　○貞盛之敎(정성지교) : ‘貞盛’은 인간의 행위가 올바르고 훌륭함. 여기서는 바르고 훌륭한 가르침.

　○貞固之風(정고지풍) : 바르고 건실한 風習.

　○雲集而龍興, 虎嘯而風起(운집이용흥 호소이풍기) :「주역(周易)」乾卦 文言傳에 ‘同聲相應 同氣相求 水流濕 火就燥雲從龍 風從虎’(같은 소리끼리 서로 응하고, 같은 기운끼리 서로 짝한다. 물은 습한 곳으로 흐르고 불은 마른 곳으로 번진다. 구름은 용을 좇고 바람은 범을 좇는다)라 한 것에 근거한 것이다. 즉 同類相應을 뜻한 것이다.

古文孝經

第一　開宗明義章

仲尼閒居어시날 曾子侍坐러시니, 子曰 參아! 先王이 有至德要道하사 以順天下하시니 民用和睦하여 上下亡怨하더니 女(汝)知之乎아. 曾子 辟席曰 參이 不敏이어니 何足以知之乎리잇고. 子曰 夫孝는 德之本也라. 敎之所繇(由)生也이니라. 復坐하라. 吾語女(汝)하리라. 身體髮膚는 受之父母라. 不敢毀傷이 孝之始也요, 立身行道하여 揚名於後世하여 以顯父母가 孝之終也니 夫孝는 始於事親이요, 中於事君이요, 終於立身이니라. 大雅云 亡念爾祖聿修其德이라 하니라.

第二　天子章

子曰 愛親者는 不敢惡於人하고 敬親者는 不敢慢於人하나니, 愛敬을 盡於事親하면 而德敎加於百姓하여 刑於(于)四海하리니, 蓋天子孝也니라. 呂刑云 一人有慶이면 兆民賴之라 하니라.

第三　諸侯章

子曰 居(在)上不驕하면 高而不危하고 制節謹度하면 滿而不溢하나니, 高而不危는 所以長守貴也요, 滿而不溢은 所以長守富也니 富貴를 不離其身然後에야 能保其社稷하며 而和其民人하리니 蓋諸侯之孝也라. 詩云 戰戰兢兢하여 如臨深淵이요, 如履薄氷이라 하니라.

第四　卿大夫章

　子曰 非先王之法服이어든 不敢服하고 非先王之法言이어든　不敢道하며 非先王之德行이어든 不敢行이니, 是故로 非法不言하며 非道不行하여 口亡(無)擇言하며 身亡擇行이라. 言滿天下라도　亡(無)口過하며 行滿天下라도 亡(無)怨惡하나니 三者를 備矣然後에야　能保其祿位하며 而守其宗廟하리니 蓋卿大夫之孝也라. 詩云 夙夜匪懈 以事一人이라 하니라.

第五　士人章

　子曰 資於事父하여 以事母하되 其(而)愛同하며 資於事父하여　以事君하되 其(而)敬同이라. 故로 母取其愛하고 而君取其敬하나니 兼之者父也라. 故로 以孝事君則忠이요, 以弟(敬)事長則順이니　忠順을 不失하여 以事其上然後에야 能保其爵祿하며 而守其祭祀하리니 蓋士之孝也라. 詩云 夙興夜寐亡忝爾所生이라 하니라.

第六　庶人章

　子曰 因(用)天之時(道)하여 就(因)地之利하고 謹身節用하여 以養父母하니 此는 庶人之孝也니라.

第七　孝平章

　子曰 故로 自天子以(已)下로 至於(乎)庶人이 孝亡(無)終始요, 而患不及者는 未之有也라.

第八　三才章

　　曾子曰 甚哉라. 孝之大也여. 子曰 夫孝는 天之經也며　地之誼也
며 民之行也이니 天地之經을 而民이 是則之하나니 則天之明하며 因
地之利(義)하여 以順天下라. 是以로 其教이 不肅而成하며　其政이
不嚴而治하나니라.　先王은 見教之可以化民也라. 是故로　先之以博
愛하여 而民이 莫遺其親이요, 陳之以德誼하니 而民興行이니라.

　　先之, 以敬讓하니 而民이 不爭하고 道之以禮樂하니 而民이 和睦
하고 示之以好惡하니 而民이 知禁이니라. 詩云 赫赫師尹이여, 民具
爾瞻이라 하니라.

第九　孝治章

　　子曰, 昔者明王之以孝治天下也에 不敢遺小國之臣하시니　而況於
公侯伯子男乎아. 故로 得萬國之歡心하여 以事其先王하시며 治國者
不敢侮於鰥寡니 而況於士民乎아. 故로 得百姓之歡心하여 以事其先
君하시며 治家者 不敢失於臣妾之心이니 而況於妻子乎아. 故로 得人
之歡心하여 以事其親하니라. 夫然故로 生則親이 安之하고　祭則鬼
이 享之라. 是以로 天下和平하여 災害不生하며 禍亂不作이니라. 故
로 明王之以孝治天下也이 如此라. 詩云, 有覺德行을 四國이 順之
라 하니라.

第十　聖治章

　　曾子曰 敢問聖人之德이 亡(無)以加於孝乎잇가. 子曰 天地之性에
人이 爲貴하니 人之行은 莫大於孝하고 孝는 莫大於嚴父하고　嚴父
는 莫大於配天하니 則周公이 其人也시니라. 昔者에　周公이 郊祀后

稷하사 以配天하시고 宗祀文王於明堂하사 以配上帝하시니,   是以로
四海之内 各以其職으로 來助祭하니 夫聖人之德이   又何以加於孝乎
리오.   是故로 親生毓(膝)之(下)하여 以養父母하되 日(日)嚴하나니,
聖人이 因嚴以敎敬하시며 因親以敎愛하시니 聖人之敎   不肅而成하
며   其政이 不嚴而治는   其所因者本也라.

第十一   父母生績章

子曰 父子之道는 天性也이며 君臣之誼(義)也라.   父母生之하시니
績莫大焉이요, 君親臨之하시니 厚莫重焉이로다.

第十二   孝優劣章

子曰 不愛其親이요,   而愛他人者를 謂之悖德이요,   不敬其親이요,
而敬他人者를 謂之悖禮니라.   以訓則昏이면   民亡則焉이요, 不宅於善
이면   而皆在於凶德이니라.   雖得志라도   君子弗從也라.   君子則不然이
니   言思可道하고   行思可樂이니라.   德誼可尊하고   作事可法하며 容止
可觀하고   進退可度하여   以臨其民하니라.   是以其民은   畏而愛之하고
則而象之니라.   故로   能成其德敎하여   而行其政令이니라.   詩云   淑人
君子여   其儀不忒이라   하니라.

第十三   紀孝行章

子曰 孝子之事親也에   居則致其敬하고   養則致其樂하고   疾(病)則
致其憂하고   喪則致其哀하고   祭則致其嚴이니   五者備矣然後에야   能
事其親이니라.   事親者는   居上不驕하며   爲下不亂하며   在醜不爭하나
니   居上而驕則亡하고   爲下而亂則刑하고   在醜而爭則兵이니   此三者

를 不除하면 雖日用三牲之養이라도 猶(猶)爲不孝也니라.

第十四　五刑章

子曰 五刑之屬이 三千이로되 而辜(罪)莫大於不孝니라.　要君者는 亡(無)上이요,　非聖人者는 亡(無)法이요,　非孝者는 亡(無)親이니, 此大亂之道也니라.

第十五　廣要道章

子曰 教民親愛는 莫善於孝요,　教民禮順은 莫善於弟(悌)요,　移風 易俗은 莫善於樂이요,　安上治民은 莫善於禮니라.　禮者는 敬而已矣 라.　故로 敬其父하면 則子説(悦)하고 敬其兄하면 則弟説(悦) 하고 敬其君하면 則臣説(悦)하나니 敬一人에 而千萬人이 説(悦)이라.　所 敬者寡요,　而説(悦)者衆하니 此之謂要道니라.

第十六　廣至德章

子曰 君子之教以孝也는 非家至而日見之也라.　教以孝는 所以敬天 下之爲人父者也요,　教以弟는 所以敬天下之爲人兄者也요, 教以臣은 所以敬天下之爲人君者也니 詩云 愷悌君子여! 民之父母라 하니 非 至德이면 其孰能訓(順)이 如此其大者乎리오.

第十七　應感章

子曰 昔者에 明王이 事父孝라.　故로 事天明하시며 事母孝라.　故

로 事地察하시며 長幼順이라. 故로 上下治하니 天地明察하면 鬼(神)
神(明)章(彰)矣니라. 故로 雖天子라도 必有尊也니 言有父也며 必有
先也니 言有兄也라. 宗廟致敬은 不忘親也요, 修身愼行은 恐辱先也
니 宗廟致敬이면 鬼神이 著矣라.　　孝悌之至는　通於神明하며 光於
(于)四海하여 亡(無)所不曁(通)하나니, 詩云 自東自西 自南自北하
여 亡(無)思不服이라 하니라.

第十八　廣揚名章

　　子曰 君子之事親이 孝라. 故로 忠可移於君이요, 事兄이 悌라. 故
로 順可移於長이요, 居家가 理라. 故로 治可移於官이니 是以로 行
成於內하여 而名立於後世矣니라.

第十九　閨門章

　　子曰 閨門之內에 具禮矣乎인저. 嚴父와 嚴兄이요, 妻子臣妾이 繇
(猶)百姓徒役也니라.

第二十　諫諍章

　　曾子曰 若夫慈愛龔(恭)敬과 安親揚名은 參이 聞命矣어니와 敢問
컨대 子從父之命이 可謂孝乎잇가. 子曰 參이여! 是何言與오. 言之
不通耶아. 昔者에 天子有爭臣七人이면 雖亡(無)道나 不失天下하고
諸侯有爭臣五人이면 雖亡(無)道나 不失其國하고 大夫有爭臣三人이
면 雖亡(無)道나 不失其家하고 士有爭友하면　則身不離於令名하고
父有爭子하면 則身不陷於不誼(義)니 故로 當不誼(義)하면　則子不
可以不爭於父며 臣不可以不爭於君이라. 故로 當不誼(義)면 則爭之

니 從父之命(令)이　又安(焉)得爲孝乎리오.

第二十一　事君章

子曰 君子之事上也에　進思盡忠하고　退思補過하여　將順其美하고 匡救其惡이라.　故로　上下能相親也하나니　詩云(曰)　心乎愛矣어니 遐不謂矣리오마는　忠(中)心藏之　何日忘之리오　하니라.

第二十二　喪親章

子曰 孝子之喪親也면　哭不依(偯)하며　禮亡(無)容하며　言不文하 며　服美不安하며　聞樂不樂하며　食旨不甘하나니　此哀戚之情也니라. 三日而食은　教民亡(無)以死傷生也이며　毁不滅性이니　此聖人之政也 니라.

喪不過三年은　示民有終也니　爲之棺槨衣衾하여　以(而)擧之하며　陳 其簠簋하여　而哀戚之하며　哭泣擗踊하여　哀以(而)送之하며　卜其宅兆 하여　而安措(厝)之하며　爲之宗廟하여　以鬼享之하며　春秋祭祀하여　以 時思之하니　生事愛敬하고　死事哀戚에　生民之本이　盡矣며　死生之誼 (義)　備矣니　孝子之事親이　終矣니라.

※ 行間의 방점은 孝經大義本에 없는 것이고,　(　)　속의　字는　相異字임.
　本書를　읽으면서　찾아볼　수　있게　表示한　것임.

今文孝經

第一　開宗明誼章

仲尼居어시날 曾子侍러시니, 子曰 先王이 有至德要道하사　以順天下하시니 民用和睦하여 上下無怨하더니 女知之乎아. 曾子 避席曰參이 不敏이어니 何足以知之乎리잇고. 子曰 夫孝는 德之本也라. 敎之所由生也라. 復坐하라. 吾語女하리라. 身體髮膚는 受之父母라. 不敢毀傷이 孝之始也요, 立身行道하여 揚名於後世하여　以顯父母가孝之終也니 夫孝는 始於事親이요, 中於事君이요, 終於立身이니라.大雅云 無念爾祖聿修厥德이라 하니라.

第二　天子章

子曰 愛親者는 不敢惡人하고 敬親者는 不敢慢於人하나니 愛敬을盡於事親하면 而德教이 加於百姓하여 刑於四海하리니　蓋天子之孝也라. 呂刑云 一人有慶이면 兆民賴之라 하니라.

第三　諸侯章

在上不驕하면 高而不危하고 制節謹度하면 滿而不溢하나니 高而不危는 所以長守貴也요, 滿而不溢은 所以長守富也니 富貴를 不離其身然後에야 能保其社稷하며 而和其民人하리니 蓋諸侯之孝也라.　詩曰 戰戰兢兢하여 如臨深淵이요, 如履薄氷이라 하니라.

第四　卿大夫章

非先王之法服이어든 不敢服하며 非先王之法言이어든 不敢道하며 非先王之德行이어든 不敢行이니 是故로 非法不言하며 非道不行하여 口無擇言하며 身無擇行이라. 言滿天下라도 無口過하며 行滿天下라도 無怨惡하나니 三者를 備矣然後에야 能守其宗廟하리니 蓋卿大夫之孝也라. 詩曰 夙夜匪懈 以事一人이라 하니라.

第五　士人章

資於事父하여 以事母하되 其愛同하며 資於事父하여 以事其君하되 其敬同이라. 故로 母取其愛하고 而君取其敬하나니 兼之者父也라. 故로 以孝事君則忠이요, 以弟事長則順이니 忠順을 不失하여 以事其上然後에야 能保其爵祿하며 而守其祭祀하리니 蓋士之孝也라. 詩曰 夙興夜寐亡忝爾所生이라 하니라.

第六　庶人章

因天之時하며 就地之利하여 謹身節用하여 以養父母니 此는 庶人之孝也라. 故로 自天子以下로 至於庶人이 孝無終始요, 而患不及者는 未之有也니라.

第七　三才章

曾子曰 甚哉라. 孝之大也여. 子曰 夫孝는 天之經也이며 地之義也며 民之行也이니 天地之經을 而民이 是則之하나니 則天之明하며

因地之利하여 以順天下라. 是以로 其教이 不肅而成하며 其政이 不
嚴而治하나니라. 先王은 見教之可以化民也라. 是故로 先之以博愛
하여 而民이 莫遺其親이요, 陳之以德義하니 而民興行이니라. 先之,
以敬讓하니 而民이 不爭하고 道之以禮樂하니 而民이 和睦하고 示之
而好惡하니 而民이 知禁이니라. 詩曰 赫赫師尹이여, 民具爾瞻이라
하니라.

第八 孝治章

子曰 昔者明王之以孝治天下也에 不敢遺小國之臣하시니 而況於公
侯伯子男乎아. 故로 得萬國之懽心하여 以事其先王하시며 治國者 不
敢侮於鰥寡니 而況於士民乎아. 故로 得百姓之懽心하여 以事其先君
하시며 治家者 不敢失於臣妾之心이니 而況於妻子乎아. 故로 得人之
懽心하여 以事其親하니라. 夫然故로 生則親이 安之하고 祭則鬼이
享之라. 是以로 天下和平하여 災害不生하며 禍亂이 不作하나니 故
로 明王之以孝治天下也 如此라. 詩曰 有覺德行을 四國이 順之라 하
니라.

第九 聖治章

曾子曰 敢問聖人之德이 無以加於孝乎잇가. 子曰 天地之性에 人
이 爲貴하니 人之行은 莫大於孝하고 孝는 莫大於嚴父하고 嚴父는
莫大於配天하니 則周公이 其人也시니라. 昔者에 周公이 郊祀后稷
하사 以配天하시고 宗祀文王於明堂하사 以配上帝하시니 是以로 四
海之內 各以其職으로 來助祭하니 夫聖人之德이 又何以加孝乎리오.
故로 親生之膝下하여 以養父母하되 日嚴하나니 聖人이 因嚴以敎敬
하시며 因親以敎愛하시니 聖人之敎 不肅而成하며 其政이 不嚴而治
는 其所因者 本也라. 父子之道는 天性也이며 君臣之義也라. 父母生

之하시니 積莫大焉이요, 君親臨之하시니 厚莫重焉이로다. 故로 不
愛其親이요, 而愛他人者를 謂之悖德이요, 不敬其親이요, 而敬他人
者를 謂之悖禮니라. 以順則逆이면 民無則焉이요, 不在於善이면 而
皆在於凶德이니라. 雖得志라도 君子弗從也라. 君子則不然이니   言
思可道하고 行思可樂이니라. 德義可尊하고 作事可法하며 容止可觀
하고 進退可度하여 以臨其民하니라. 是以其民은 畏而愛之하고 則而
象之니라. 故로 能成其德教하여 而行其政令이니라. 詩曰   淑人君子
여 其儀不忒이라 하니라.

第十   紀孝行章

子曰 孝子之事親也에 居則致其敬하고 養則致其樂하고   疾則致其
憂하고 喪則致其哀하고 祭則致其嚴이니 五者 備矣然後에야   能事其
親이니라. 事親者는 居上不驕하며 爲下不亂하며 在醜不爭하나니 居
上而驕則亡하고 爲下而亂則刑하고 在醜而不爭則兵이니 此三者를 不
除하면 雖日用三牲之養이라도 猶爲不孝也니라.

第十一   五刑章

子曰 五刑之屬이 三千이로되 而罪莫大於不孝니라. 要君子는 無上
이요, 非聖人者는 無法이요, 非孝者는 無親이니 此大亂之道也니라.

第十二   廣要道章

子曰 教民親愛는 莫善於孝요, 教民禮順은 莫善於悌요, 移風易俗
은 莫善於樂이요, 安上治民은 莫善於禮니라. 禮者는 敬而已矣라. 故
로 敬其父하면 則子悅하고 敬其兄하면 則弟悅하고 敬其君하면 則臣

悦하나니 敬一人에 而千萬人이 悦이라. 所敬者寡요, 而悦者　衆하
니 此之謂要道니라.

第十三　廣至德章

子曰 君子之教以孝也는 非家至而日見之也라. 教以孝는 所以敬天
下之爲人父者也요, 教以悌는 所以敬天下之爲人兄者也요, 教以臣은
所以敬天下之爲人君者也니 詩曰 愷悌君子여, 民之父母라　하니　非
至德이면 其孰能訓民이 如此其大者乎리오.

第十四　廣揚名章

子曰 君子之事親이 孝라. 故로 忠可移於君이요, 事兄이 悌라. 故
로 順可移於長이요, 居家가 理라. 故로 治可移於官이니 是以로 行
成於內하여 而名立於後世矣니라.

第十五　諫爭章

曾子曰 若夫慈愛恭敬과 安親揚名은 參이 聞命矣어니와 敢問子從
父之命이 可謂孝乎잇가. 子曰 是何言與요, 是何言與요, 昔者에 天
子有爭臣七人이면 雖無道나 不失天下하고 諸侯有爭臣五人이면　雖
無道나 不失其國하고 大夫有爭臣三人이면 雖無道나　不失其家하고
士有爭友하면 則身不離 於令名하고 父有爭子하면　則身不陷於不義
니 故로 當不義하면 則子不可以不爭於父며 臣不可以不爭於君이라.
故로 當不義則爭之니 從父之令이 又焉得爲孝乎리오.

第十六　應感章

　子曰 昔者에 明王이 事父이 孝라. 故로 事天明하시며 事母이 孝
라. 故로 事地察하시며 長幼順이라. 故로 上下治하니 天地明察하면
神明이 彰矣니라. 故로 雖天子라도 必有尊也니 言有父也며 必有先
也니 言有兄也라. 宗廟致敬은 不忘親也요, 修身愼行은 恐辱先也니
宗廟致敬이면 鬼神이 著矣라. 孝弟之至는 通於神明하며　光於四海
하여 無所不通하나니 詩曰 自東自西하며 自南自北하며　亡思不服이
라 하니라.

第十七　事君章

　子曰 君子之事上也에 進思盡忠하며 退思補過하여　將順其美하고
匡救其惡이라. 故로 上下能相親也라 하니 詩曰 心乎愛矣어니　遐不
謂矣리오마는 中心藏之이니 何日忘之리오 하니라.

第十八　喪親章

　子曰 孝子之喪親也면 哭不偯하며 禮無容하며 言不文하며 服美不
安하며 聞樂不樂하며 食旨不甘하나니 此는 哀戚之情也라. 三日而食
은 教民亡以死傷生也이며 毀不滅性이니 此聖人之政也니라.
　喪不過三年은 示民有終也니 爲之棺槨衣衾하여 而擧之하며　陳其
簠簋하여 而哀戚之하며 擗踊哭泣하여 哀而送之하며　卜其宅兆하여
而安措之하며 爲之宗廟하여 以鬼享之하며 春秋祭祀하여　以時思之
하니 生事愛敬하고 死事哀戚에 生民之本이 盡矣며 死生之誼　備矣
니 孝子之事親이 終矣니라.

※ 今文孝經에는 閨門章이 없고, 古文孝經에 比하여 전체 章 數가 四個章
이 省略되었다. 孝經마다 다소 字數나 章이 서로 바뀌는 차이는 있으나,
전체 내용에는 차이가 없다고 본다. 서로 차이점을 대조 비교할 수 있는
참고 자료로 싣는다.

世界教養思想100選

~ 계속 간행합니다.

🌀 일신서적출판사　　121-110 서울시 마포구 신수동 177-3
TEL : 703-3001~6　　　FAX : 703-3009

東洋古典百選 · 19

孝　經

著　者：曾　　　　子
譯解者：朴　　昞　　大
發行者：南　　　　溶
發行所：一信書籍出版社

주소：121-110
　　　서울 마포구 신수동 177-3
등록：1969. 9. 12. NO. 10-70
전화：영업부／703-3001～6
　　　편집부／703-3007～8
　　　ＦＡＸ／703-3009
대체구좌：012245-31-2133577

ISBN 89-366-0569-0

값 10,000원